知识就在得到

我能做注册会计师吗

冯亦佳
王首一
孙含晖
王峰
钟丽
口述

章凌 刘晓蕊——编著

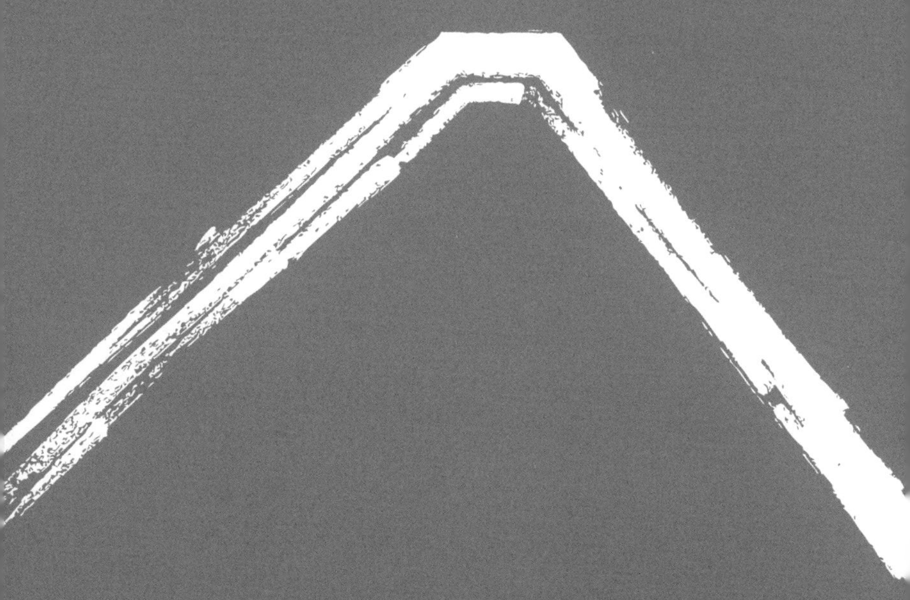

新星出版社 NEW STAR PRESS

总序

怎样选择一个适合自己的职业？这个问题困扰着一代又一代中国人——一个成长在今天的年轻人，站在职业选择的关口，他内心的迷茫并不比二十年前的年轻人少。

虽然各类信息垂手可得，但绝大部分人所能获取的靠谱参考，所能求助的有效人脉，所能想象的未来图景……都不足以支撑他们做出一个高质量的职业决策。很多人稀里糊涂选择了未来要从事大半辈子的职业，即使后来发现“不匹配”“不来电”，也浑浑噩噩许多年，蹉跎了大好年华。

我们策划这套“前途丛书”，就是希望能为解决这一问题做出一点努力，为当代年轻人的职业选择、职业规划提供一些指引。

如果你是一名大学生，一名职场新人，一名初、高中生家长，或者是想换条赛道的职场人，那么这套书就是专门为你而写的。

在策划这套书时，我们心中想的，是你正在面临的各种挑战，比如：

你是一名大学生：

· 你花了十几年甚至更久的时间成为一名好学生，毕业的前一年突然被告知：去找你的第一份工作吧——可怕的是，这件事从来没人教过你。你孤身一人站在有无数分岔路的路口，不知所措……

· 你询问身边人的建议，他们说，事业单位最稳定，没编制的工作别考虑；他们说，计算机行业最火热，赚钱多；他们说，当老师好，工作体面、有寒暑假；他们说，我们也不懂，你自己看着办……

· 你有一个感兴趣的职业，但对它的想象全部来自看过的影视剧，以及别人的只言片语。你看过这个职业的高光时刻，但你不确定，在层层滤镜之下，这个职业的真实面貌是什么，高光背后的代价又有哪些……

你是一名职场新人：

· 你选了一个自己喜欢的职业，但父母不理解，甚至不同意你的选择，你没把握说服他们……

· 入职第一天，你眼前的一切都是新的，陌生的公司、陌生的同事、陌生的工位，你既兴奋又紧张，一边想赶紧上手做点什么，一边又生怕自己出错。你有一肚子的问题，不知道问谁……

你是一名学生家长：

· 你只关注孩子的学业成绩，仿佛上个好大学就是终身归宿，但是关乎他终身成就的职业，你却很少考虑……

· 孩子突然对你说，“我将来想当一名心理咨询师”，你一时慌了神，此前对这个职业毫无了解，不知道该怎么办……

· 你深知职业选择是孩子一辈子的大事，很想帮帮他，但无奈自己视野有限、能力有限，不知从何处入手……

你是一名想换赛道的职场人：

· 你对现在的职业不太满意，可不知道该换到哪条赛道，也不清楚哪些职业有更多机会……

· 你年岁渐长，眼看着奔三奔四，身边的同学、朋友一个个事业有成，你担心如果现在换赛道，是不是一切要从头再来……

· 你下定决心要转行，但不确定自己究竟适不适合那个职业，现有的能力、资源、人脉能不能顺利迁移，每天都焦灼不已……

我们知道，你所有关于职业问题的焦虑，其实都来自一件事：**不知道做出选择以后，会发生什么。**

为了解决这个问题，“前途丛书”想到了一套具体而系统的解决方案：一本书聚焦一个职业，邀请这个职业的顶尖高手，从入门到进阶，从新手到高手，手把手带你把主要的职业逐个预演一遍。

通过这种“预演”，你会看到各个职业的高光时刻以及真实面貌，判断自己对哪个职业真正感兴趣、有热情；你会看到各个职业不为人知的辛苦，先评估自己的“承受指数”，再确定要不要选；你会了解哪些职业更容易被 AI 替代，哪些职业则几乎不存在这样的可能；你会掌握来自一线的专业信息，方便拿一本书说服自己的父母，或者劝自己的孩子好好考虑；你会收到来自高手的真诚建议，有他们指路，你就知道该朝哪些方向努力。

总之，读完这套“前途丛书”，你对职业选择、职业规划的不安全感、不确定感会大大降低。

“前途丛书”的书名，《我能做律师吗》《我能做心理咨询师吗》……其实是你心里的一个个疑问。等你读完这套书，我们希望你能找到自己的答案。

除了有职业选择、职业规划需求的人，如果你对各个职业充满好奇，这套书也非常适合你。

通过这套书，你可以更了解身边的人，如果你的客户来自各行各业，这套书可以帮助你快速进入他们的话语体系，让客户觉得你既懂行又用心。如果你想寻求更多创新、跨界的机会，这套书也将为你提供参考。比如你专注于人工智能领域，了解了医生这个职业，就更有可能在医学人工智能领域做出成绩。

你可能会问：把各个职业预演一遍，需不需要花很长时间？

答案是：不需要。

就像到北京旅游，你可以花几周时间游玩，也可以只花一天时间，走遍所有核心景点——只要你找到一条又快又好的精品路线即可。

“前途丛书”为你提供的，就是类似这样的精品路线——**只需三小时，预演一个职业。**

对每个职业的介绍，我们基本都分成了六章。

第一章：行业地图。带你俯瞰这个职业有什么特点，从业人员有什么特质，薪酬待遇怎么样，潜在风险有哪些，职业前景如何，等等。

第二至四章：新手上路、进阶通道、高手修养。带你预演完整的职业进阶之路。在一个职业里，每往上走一段，你的境界会不同，遇到的挑战也不同。

第五章：行业大神。带你领略行业顶端的风景，看看这个职业干得最好的那些人是什么样的。

第六章：行业清单。带你了解这个职业的前世今生、圈内术语和黑话、头部机构，以及推荐资料。

这条精品路线有什么特色呢？

首先，高手坐镇。这套书的内容来自各行各业的高手。他们不仅是过来人，而且是过来人里的顶尖选手。通常来说，我们要在自己身边找齐这样的人是很难的。得到图书依托得到 App 平台和背后几千万的用户，发挥善于连接的优势，找到了他们，让他们直接来带你预演。我们预想的效果是，走完这条路线，你就能获得向这个行业的顶尖高手请教一个下午可能达成的认知水平。

其次，一线智慧。在编辑方式上，我们不是找行业高手约稿，然后等上几年再来出书，而是编辑部约采访，行业高手提供认知，由我们的同事自己来写作。原因很简单：过去，写一个行业的书，它的水平是被这个行业里愿意写书的人的水平约束着的。你懂的，真正的行业高手，未必有时间、有能力、有意愿写作。既然如此，我们把写作的活儿包下来，而行业高手只需要负责坦诚交流就可以了。我们运用得到公司这些年形成的知识萃取手艺，通过采访，把各位高手摸爬滚打多年积累的一线经验、智慧、心法都挖掘出来，原原本本写进了这套书里。

最后，导游相伴。在预演路上，除了行业高手引领外，我们还派了一名导游来陪伴你。在书中，你会看到很多篇短小精悍的文章，文章之间穿插着的彩色字，是编著者，也就是你的导游，专门加入的文字——在你觉得疑惑的地方为你指路，在你略感疲惫的地方提醒你休息，在你可能错失重点的地方提示你注意……总之，我们会和行业高手一起陪着你，完成这一场场职业预演。

我们常常说，选择比努力还要重要。尤其在择业这件事情上，一个选择，将直接影响你或你的孩子成年后 20% ～ 60% 时间里的生命质量。

这样的关键决策，是不是值得你更认真地对待、更审慎地评估？如果你的答案是肯定的，那就来读这套“前途丛书”吧。

丛书总策划　白丽丽

2023 年 2 月 10 日于北京

目录 CONTENTS

00 序 言

01 行业地图

CONTENTS 目录

02 新手上路

目录 CONTENTS

03 进阶通道

04 高手修养

CONTENTS 目录

05 行业清单

序言

注册会计师（Certified Public Accountant，简称 CPA）被称为“资本市场的看门人”，是在会计师事务所从事社会独立审计的审计师，他们通过检查企业的财务报表来了解企业真实的经营状况，维护市场经济秩序，保护社会公共利益。

注册会计师的工作有多重要？曾有报道这样描述他们的贡献：注册会计师在 6 年之间，“通过审计调整上市公司利润总额 3600 亿元，相当于‘神六’上天 16 次的投入；审计调整上市公司资产总额 16000 亿元，相当于建设 27 个三峡电站的成本”。[1]

注册会计师不仅很重要，而且在大多数人心目中，是一个薪资高、社会地位高、很体面的理想职业。我国自 1991 年开始举办注册会计师考试，报考人数持续增加，虽然通过率

1. 财政部会计司：《历史与未来的握手——论加快发展我国注册会计师行业》，http://news.esnai.com/2009/1110/48548_2.shtml，2022 年 11 月 21 日访问。

只有 20% 左右，可近几年每年都有超过百万人报名。

不过，注册会计师对你来说真的是一个好职业吗？它真实的发展前景怎么样？从业者通常会面临哪些挑战和风险？如果你正准备成为注册会计师，或者对这个职业感兴趣，那么你最好深入了解一下它各方面的特点。

“资本市场看门人”会面临哪些问题

注册会计师是一个高风险职业。近几年，财务造假丑闻层出不穷，而相关注册会计师也难辞其咎，遭到了严厉处罚。2022 年 4 月，我国证监会通报了 20 起典型违法案例，其中和注册会计师相关的财务造假案件成为重灾区，例如：

北京蓝山科技股份有限公司通过虚构购销业务、研发业务等方式，累计虚增收入 8 亿余元，虚增研发支出 2 亿余元，虚增利润 8000 余万元，导致公开发行文件存在虚假记载。中兴财光华会计师事务所被认为未按业务规则审慎核查，出具的报告存在虚假记载，要承担相应的法律责任。

瑞华会计师事务所在湖南千山制药机械股份有限公司、深圳市索菱实业股份有限公司、延安必康制药股份有限公司等公司的年报审计项目中，因存在风险评估程序、内部控制测试程序、实质性审计程序执行不到位等问题，先后多次被行政处罚，合计罚没 1600 余万元。

出现这么严重的问题，当然首先和注册会计师缺乏足够的职业敏感度有关。注册会计师每天都要面对客户的财务报表，和数字打交道，所以很多人认为，这个职业最重要的素质是对数字敏感。但是，很多情况下，财务报表中的数字虽然对得上，背后却隐藏着种种不合规甚至虚假的交易行为，注册会计师必须能够明察秋毫。而要想做到这一点，注册会计师在对数字敏感的同时，还要对项目涉及的人和事足够敏感，能够时刻以怀疑的眼光看待项目中的每一个细节，防范风险的发生。那么，注册会计师要重点关注哪些人、哪些事，要深挖哪些细节、怀疑哪些问题？这既和专业水平有关，也和项目经验有关。

其次，除了专业敏感度，之所以出现上述问题，还可能是由于注册会计师的角色定位带来的两难境地。在上市项目中，注册会计师受雇于客户，但又要去审计客户的经营状况，那么，究竟是应该“服务好客户”，还是“坚守专业，及时发现客户的问题”呢？答案毋庸置疑，后者当然是必然选择，因为这关系到职业道德。但是，平衡好两者之间的关系并非易事。注册会计师在工作中经常遇到这样的情况：客户不愿意让注册会计师了解真实的经营状况，拿出一些冠冕堂皇的材料应付了事，比如提交虚假合同及财务报表；客户在注册会计师盘点固定资产时遮遮掩掩，甚至和其他机构串通伪造函证；

等等。注册会计师可能意识到了问题的存在，想要戳穿，又顾虑重重，毕竟客户关系是需要维护的。那么，注册会计师应该如何平衡职业道德和客户关系？其中有哪些方法和经验可循？如果能够提早了解，你可能会少走一些弯路，甚至避免一些风险。

注册会计师的成长路径虽然清晰，但也容易遭遇瓶颈。不论在外资所还是内资所，注册会计师都有着完整的职级体系，只要不出什么大问题，基本每年都会向上晋升一级。这个特点让很多人感到踏实、安全，但这是否意味着只要有耐心、熬得住，就一定能稳步上升，最终成为合伙人呢？其实，从初级审计师、高级审计师，到审计经理，再到合伙人，每个阶段需要的能力模型都有所不同。每个人的进步速度也不一样，有的人可以越级晋升，而有的人在到达一定级别，比如工作第五年左右成为项目经理，或者工作第九年左右成为高级经理后，就很难再往上提升。事实上，注册会计师的成长路径虽然清晰，但每一步都要有能力、资源和经验的跨越。那么，注册会计师在成长的每一步，要重点培养自己哪方面的能力？如果事先做一些了解，你就可以主动提升，而不是被动等待。

注册会计师是一个极其“低调”的职业。注册会计师经常接触企业的经营状况，必须坚守中立、保密原则，远离舆论中心，而且做任何事都要考虑边际影响。同时，注册会计师不是单打独斗，而是以团队为单位开展工作的，因此他们不会像律师、医生那样因为专业能力出色而声名远播，也不会像工程师、建筑师那样因为杰出作品而广为人知。所以，选择成为注册会计师，就意味着选择了低调的人生。

低调，意味着注册会计师做每一项工作都要换位思考，关注自己与客户、自己与同事之间的协作关系和协作方法，以及可能带来的后果。在这个过程中要重点解决哪些问题？在面对舆论以及遭遇客户投诉时，又该如何处理？如果能了解一些别人的做法，你一定会受益匪浅。

高手心中有答案

以上种种既是注册会计师无法绕开的问题，也是帮助我们了解这一职业的钥匙。为此，我们邀请了五位资深注册会计师，以采访的方式请他们分享从业过程中的经验心得，以及针对这些问题的解决方案。

这五位老师各具特色。他们当中，有长期植根于中国市场的外资会计师事务所合伙人；有横跨北美、澳大利亚和国内的资深合伙人；有常年面向大型国企、央企客户的内资所合伙人；也有曾经是外资所高级经理，现在已转行投资、咨询行业的跨界者。他们的职业背景、发展路径各不相同，因此为本书提供了丰富的视角，帮助我们从不同维度理解注册会计师的职业特点。

冯亦佳老师是毕马威华振会计师事务所上海分所的合伙人，是本书的主要贡献者之一。她在毕马威耕耘多年，深谙注册会计师的职业发展规律、分工协作中容易出现的问题，以及新人可能会碰到的沟沟坎坎。因此，针对新人步入职场后的一系列重要问题，她能跳出专业本身，分别从管理者的角度、分工协作的角度给出建设性意见，比如新人如何做底稿，发现问题怎么办，如何进行向上管理等。她说，新人遇到问题后总是自己钻牛角尖，其实他们不知道，很多问题是站在局部根本无法解决的。那么，新人如何判断自己的工作边界，在遇到哪些问题时必须及时沟通呢？冯老师将为你指点迷津。

王首一老师是立信会计师事务所的合伙人，是本书唯一一位来自内资所的受访者。内资所的人才培养机制、分工模式、协作方式等都与外资所有明显不同，王老师将为你详细解读。此外，王老师还重点分享了反舞弊的方法。他说，注册会计师要有一双侦探的眼睛，要像福尔摩斯一样善于从蛛丝马迹中发现问题。老板办公室墙上的一张奖状、办公桌玻璃板下通讯录中的一行小字，合同中的一个折角、一个对钩，或者工人聊天时无意间的一句话，都可以帮助注册会计师在审计时发现问题。王老师分享的反舞弊案例精彩至极，同时，他对于市场的经验也极其宝贵。他说，做审计就像谈恋爱，刚认识的时候都会把彼此的优点展现出来，但其实，你要了解这个人的缺点，或者说底线，才能判断能不能和对方建立长久关系。此外，作为合伙人，该如何处理审计过程中与客户发生的真实矛盾，又该如何面对客户一而再、再而三的投诉，王老师将为你一一解答。

孙含晖老师曾供职于毕马威华振，之后在多家企业从事财务管理工作，现任某私募基金管理公司的董事长。他作为主要著作者的书籍《让数字说话——审计，就这么简单》在行业中影响广泛。凭借丰富的职业经历，在本书中，他将以更为宽广的视角分享对注册会计师成长道路的建议。

王峰老师曾在普华永道任高级经理，之后在香格里拉大饭店、海尔集团、国家电网公司等企业从事会计和财务管理工作，并开设有多门线上课程。在本书中，他将分享外资会计师事务所的体系特点，会计师团队的协作方式，以及如何培养职业敏感度，如何全面了解客户的经营状况等问题。

钟丽老师是安永大中华区能源资源行业联席主管合伙人、华北区审计服务主管合伙人。在她看来，注册会计师这一职业最吸引自己的是总能接触到新鲜事物。她说："我每天都能学习到新的东西，接触到新的客户、新的业务，遇到新的挑战，而我又可以在事务所同事和领导的支持和帮助下解决遇到的问题、收获更多的经验。”在本书中，她将分享新业务拓展、行业前沿等方面的问题。

现在，请你正式开始阅读这本书吧。它将带你预演注册会计师从新手到高手的职业生涯，希望能对你有所帮助。

CHAPTER I

第一章 行业地图

欢迎来到第一章——行业地图。

在开始预演注册会计师的职业生涯之前，我们先请你了解这一职业的基本样貌：

我们为什么需要注册会计师？他们到底是干什么的？

注册会计师会面临哪些职业风险？那些财务造假的新闻和他们到底有什么关系？

什么样的人可以进入会计师事务所工作？他们必备的职业素养又有哪些？

注册会计师果真是金领职业吗？他们的真实收入究竟怎样？

注册会计师的职业发展有哪些路径？他们未来会面临哪些选择？

我们将邀请五位受访老师为你解答这些疑问，描画出注册会计师这一职业的基本轮廓。

判断一个职业好不好，是否适合自己，除了要看它的具体工作内容，还要看它是否具有长久价值，入行门槛、收入和前景究竟怎样。相信看完这一章，你对这些一定会心里有数。

注册会计师是做什么的

定位：商业世界信用体系的搭建者

· 冯亦佳

提起注册会计师的工作，我们一般想到的是审核企业的财务报表，出审计报告。这看上去好像很普通，但如果从宏观上看，注册会计师其实是整个商业世界信用体系中的重要一环，是信用体系的搭建者之一。

为什么这么说？

现代商业社会是由陌生人组成的世界，由于信息不对称，人们之间充满了不信任，尤其在进行贸易、投资、并购等商业活动时，更是会因为彼此间缺乏信任而难以做出决策。比如，我要收购你的公司，你说公司年收入 5000 万元，净利润 1000 万元，财务出的报表上也写得清清楚楚，但我怎么知道这报表上的数字是可信的？怎么知道这些收入、利润、资产、负债，口径都是大家互相认可的？如果看不清楚你的实际情况，我肯定不敢贸然做出收购的决定。

那怎么解决信任问题呢？

这就要提到社会独立审计了。所谓独立审计，是注册会计师作为独立第三方，利用自己的专业知识，为交易者就相关公司的财务报表进行审计，对其是否公允地反映了公司的财务状况、经营成果和现金流出具审计意见，判断公司财务状况的真实性和准确性。

社会独立审计的逻辑是：首先我是专业的，关于财务报表是否公允地反映了公司的财务和经营状况，我能通过专业的审计给出合理判断，你可以信任我；其次我是独立的，既不是交易者内部的人，也和其无利害关系，不存在舞弊和合谋的可能，你可以信任我。因此，你会看到，如果审计结果属实，注册会计师出具无保留意见报告，那么实际上他就是在为交易者做背书，告诉所有人，他说他年收入 5000 万元，盈利 1000 万元，经过我的专业审核，这个数字靠谱，你们放心吧。

从某种意义上说，正是由于注册会计师的工作，商业世界的信用体系才得以搭建。企业与相关方之间的信任，很大程度上是因为对注册会计师这个第三方的信任才建立起来的。这体现在以下几个方面：

首先，在投资者和企业之间建立信任。做股票投资的人之所以觉得上市公司的财务数据真实反映了公司的运营情况，部分原因是这些报表都经过了注册会计师的审计。如果审计报告说 A 公司的财务报表符合会计准则的要求，是真实可靠的，投资者基于对注册会计师的信任，就会得出结论：A 公司是相对靠谱的。

其次，在企业内部建立信任。现代企业，虽然股东是公司的所有者，部分股东也会参与一些公司管理，但大部分经营活动都是由管理层进行的。管理层有没有滥用权力，有没有多报或少报利润，有没有用心做好经营，股东其实并不是全都清楚，哪怕公司的财务出具了财务报表，股东看了也未必完全放心。有时候员工也需要知道公司财务报表上的利润是不是真实的，因为有些公司设置的员工奖金和公司利润是绑定的。在这些情况下，由注册会计师作为第三方进行审计、检查，能在一定程度上解决他们之间的信任问题。

最后，在企业和监管机构之间建立信任。企业有没有规范经营，申报的数据有没有水分，监管机关、税务机关等也需要借助注册会计师出具的审计报告来进行判断。

除此之外，企业如果要上市、投标，证监会和招标机构也会依赖注册会计师的审计结果来判断企业是否满足上市或投标的要求。

可见，注册会计师以独立、专业的鉴证者身份，用审计在企业和相关方之间建立起信任，一定程度上把商业世界的信用体系搭建了起来，减少了信息不对称，从而使商业世界运转得更为畅通有序。

注册会计师不像律师、教师、医生、建筑师等职业那样，起源时间可以追溯到人类文明早期，它是在人类商业文明大踏步前进之后才出现的。现在，请你跟随我们回到遥远的过去，进行一次短途旅行，看看注册会计师这个职业是如何起步和发展的。我们将会经过三个站点：

第一站，是刚刚经历了文艺复兴洗礼的16世纪，意大利东北部的水城威尼斯成为交通枢纽与贸易中心。那里商业繁荣、经济兴旺，公司规模也在不断扩大。但随之而来的，是越来越高的公司运营成本。于是，企业主开始邀请多个投资人共同注资，合伙人公司应运而生。其中负责经营的合伙人有责任向其他没有参加经营的合伙人证明：契约得到了认真履行，利润计算与分配没有差错。但负责经营的合伙人如何证明自己的经营状况，而没有负责经营的合伙人又如何知道公司的利润得到了公正分配呢？这就需要一个与任何一方均无利害关系的第三方对公司财务进行监督。于是，负责独立审计的会计师就此产生。1581年，威尼斯会计协会宣布成立，它是世界上最早的会计职业团体。

第二站，我们来到了18世纪的英国。工业革命的巨大驱动力使英国资本主义经济迅猛发展，公司的所有权、债权、经营权进一步分离。1721年，英国南海公司以虚假的会计信息诱骗投资人上当，使股票价格一路飙升。但好景不长，南海公司不久就因经营不善宣布倒闭，股东和债权人损失惨重。英国议会聘请精通会计的查尔斯·斯内尔对南海公司进行审计。斯内尔以“会计师”名义出具了查账报告书，从而宣告从事独立审计工作的注册会计师诞生。英国政府在1845年颁布的《公司法》中规定：股份公司的账目必须经董事以外的人员，也就是注册会计师进行独立审计。1853年，人类历史上第一个正式的独立审计专业团体——苏格兰爱丁堡会计师协会宣告成立。

第三站，是正处于经济危机中的美国。1929年到1933年，严重的经济危机使美国大批企业濒临倒闭，投资者和债权人为了避免巨大损失，迫切需要了解企业的全面财务状况，注册会计师的作用于是凸显出来。1933年，美国颁布《证券法》，规定在证券交易所上市的企业必须接受注册会计师审计，并向社会公布审计报告。第二次世界大战之后，国际资本的流动带动了注册会计师审计的跨国发展，一批国际化的会计师事务所逐渐出现。

如今，注册会计师在公司上市、企业年审和企业并购等方面发挥着重要作用，搭建起了商业世界的信用体系，被称作“资本市场的看门人”。

作为“看门人”，注册会计师经常要面对形形色色的财务陷阱，要想从中发现漏洞，不仅需要有扎实的专业技能，更要有敏锐的洞察力和判断力，以及怀疑的态度。

原则：“无怀疑，不审计”

· 王首一

2019年，新华社发表社论《严防资本市场“看门人”沦为“放风者”》，其中“资本市场‘看门人’”指的就是注册会计师。注册会计师的职责理应是给企业“挑刺”，把企业真实的状况展示给广大投资者，但有时候，因为自身专业敏感度不够高，或者立场不够坚定，面对上市公司的种种舞弊行为，注册会计师常常束手无策，甚至沦为同谋。现在国家监管越来越严，如果从“看门人”沦为“放风者”，那就无异于自毁。

其实，注册会计师尽到“看门人”的本分并不容易。企业舞弊的招数五花八门，注册会计师必须具有过硬的专业水平和一双怀疑的眼睛，才能从细节中识别花样百出的舞弊套路。

一般来说，企业财务舞弊的目的是虚报会计利润，粉饰公司经营状况，骗取投资人资金。这里面有一个规律，舞弊者一般通过虚增资产、少记负债、虚增收入、少记成本和费用等方式，利用会计恒等式“资产 = 负债 + 所有者权益”的逻辑关系来调节报表利润，掩盖企业经营不善的现实。掌握了这个基本规律，注册会计师还要熟悉由此衍生出来的关联交易陷阱、收入确认陷阱、存货陷阱等十余种企业常用的舞弊套路，以便在蛛丝马迹中发现端倪。

所谓“无怀疑，不审计”，是指不论是对企业宏观上的发展走势、经营环境，还是对微观上具体的财报数字，都要多留个心眼，时刻警惕自己掉进以上陷阱。

首先，从宏观上判断企业是否有舞弊的动机和压力。比如，如果企业所处的行业不景气，正处于衰退阶段，客户的业绩却不降反升，异军突起，那么注册会计师就要多关注它的业绩上升是否有足够的合理性；如果这一行业正处于技术升级换代的阶段，企业传统产能严重过剩，而又无力跟上新技术，那么它的经营和财务压力就会非常大，很可能会迫于压力粉饰财务数据。再比如，企业的前十大股东中机构较少，持股的大多是个人，同时，研究报告较少，几乎没有几个机构对它进行深入研究，这些现象都表明，这家公司并不被机构看好，在行业中处于边缘地位。遇到这些情况，注册会计师就要心中警铃大作，以怀疑的态度审视企业的财务状况。

其次，根据企业的一些实际情况判断有无舞弊的嫌疑。如果企业的控股股东、实际控制人的经营范围十分广泛，涉及多个行业、多个产品类型，那么企业对资金量的需求就会比较大，容易将上市公司作为融资平台，挪用上市公司资金进行多元化扩张；如果企业的前十大供应商短期内突然发生较大变更，且新的供应商是刚注册的新公司或境外公司，那么存在隐性关联交易的可能性就很大；而如果企业近期主要股东、管理层、财务总监及审计师同时发生异动，或者异动频繁，则很有可能企业已经出现了重大问题。针对企业的这些状况，注册会计师绝不能掉以轻心，一定要在心里多打几个问号。

那么，除了关注这些预警信号外，注册会计师在具体的数据审核上又要对哪些现象高度怀疑呢？前几年我们团队做过一个互联网公司的项目。这家公司可谓行业翘楚，十几年间打造了多个爆款 IP，2015 年推出的新产品，仅仅 28 天就流水破亿元，海外销售也是遍地开花，不到一年，流水便破了 10 亿元大关。但我们团队在接手这家公司的审计业务后，很快就发现，一些现象非常值得怀疑。

首先，用户的充值时间值得怀疑。我们通过对某日全天充值情况的观察，发现上午 9 点到 11 点的工作时间充值量就已经达到高峰，到了午休的 12 点至 13 点，充值量反而下降，到了 14 点，充值量再次攀升，这明显与正常用户的作息时间相背离。正常的用户，不论是上班族还是学生，通常会在午休时间使用产品更多，中午理应出现充值高峰。

其次，通过追踪前 100 名用户的充值情况，我们发现，前 20 名里，有较多用户的充值行为在同一时间终止，而他们的注册时间基本一致，每天充值的金额也基本一致。之后，我们进一步追踪了充值量在 500 至 600 名的用户，也同样存在大量充值行为一致的用户。

我们对这些行为异常用户的充值量进行了统计，发现金额达到了 640 多万元，占当日充值流水的 14% 左右，值得注意的是，这还是在注册会计师进驻期间。充值量造假，必然会导致虚增收入，最后这家企业当然没能被并购。

举这个例子是想告诉大家，对财务数据的怀疑，不要仅仅停留在报表上，这些数字是怎么产生的，它一般的发生规律是什么，才是更应该关注的。

正如新华社的那篇社论所述，注册会计师是资本市场的看门人，这个职业信念不能丢。这个信念落实到实际工作中，就是怀疑的态度，如果注册会计师丧失了这一点，那么很多风险就会无从发现，隐藏在数字中的蛛丝马迹就会悄悄溜走。

就像这个互联网公司的案例，如果注册会计师只关注报表上的数字是否对得上，而没有对数字产生的背景发出疑问，那么“看门人”的作用就会大打折扣。

信念：用会计语言表达一切风险

· 孙含晖

审计的最终成果是一份审计报告，注册会计师可能得出的结论无非五种：标准的无保留意见、带强调事项段的无保留意见、保留意见、否定意见和无法表示意见。但审计报告的功能不止于此，一家企业的任何风险都可以反映在审计报告中。一个优秀的合伙人，一定会用精准的会计专业语言，把自己发现的企业风险在审计报告中提示出来，而不单单是表述一下审计结论。

我以前做项目经理负责A公司的上市审计时，就遇到过这样一位合伙人。

了解了A公司的业务之后，我发现，虽然A公司业绩非常不错，表面上没什么问题，但其母公司每当有更多资金需要，而自己的现金流又不充裕时，就会通过借款、销售等各种业务交易的方式来拿A公司的钱，等于母公司把A公司当成了自己的“提款机”。

我当时的想法是，如果A公司成功上市，对于购买其股票的股民来说是存在风险的。我想把A公司的这种风险反映在财务报表中，但又不能不专业地在审计报告上直接写“母公司可能以各种名义随时获取A公司的利润”。如何把我对风险的判断用审计专业语言准确反映在财务报表中，是我当时必须解决的问题。

后来合伙人提出的处理方法让我茅塞顿开。

一方面，既然有这种现象，就一定能从它的财务报表上发现一些蛛丝马迹。比如，A公司和母公司的业务往来比较多，涉及金额比较大。而且A公司对于母公司的很多应收账款都到期了，却迟迟没有结算。遵循这样的思路，我们把这些情况在审计报告上作了充分的强调。另一方面，A公司的账上有大量应收母公司账款，如果母公司用这些账款去做高风险业务，这部分应收账款就有收不回来的风险。所以，合伙人建议对应收母公司款项做进一步的追踪判断，看看是否应该提示坏账准备。

最终，我们通过这种迂回曲折的方式向报表使用者提示了可能存在的风险。

这件事给了我很大的启示，从此让我坚定了一个信念：**企业的任何业务风险都能通过会计语言反映在审计报告中。**

如果你做不到，不是企业的问题特殊，而是你对会计这门专业的语言掌握得不够好。之所以要把这一点上升到信念的高度，是因为方法、能力对于解决问题固然重要，但如果没有坚定的信念，一遇到具体问题，它们就会大打折扣。这种信念也应该是每个注册会计师都应该展现出的职业精神。

注册会计师可以用会计语言表达一切风险，而会计语言最终会以审计报告的形式出现。在你继续阅读之前，我们先向你简单介绍一下审计报告的种类：

1. 无保留意见审计报告，又可以进一步分为标准的无保留意见审计报告和带强调事项段的无保留意见审计报告。

标准的无保留意见，也就是注册会计师在顺利实施了必要审计之后，认为被审计公司会计报表的编制合法，在所有重大方面公允地反映了它的财务状况，公司报表可靠性较高。

带强调事项段的无保留意见，是注册会计师认为被审计者编制的财务报表符合相关会计准则的要求，并在所有重大方面公允反映了被审计者的财务状况、经营成果和现金流量，但存在需要说明的事项，如对持续经营能力产生重大疑虑及重大不确定事项等。

2. 保留意见审计报告，即注册会计师经过审计之后，认为被审计公司的会计报表整体上是公允的，但在个别重要会计事项上持保留意见。

3. 否定意见审计报告，即注册会计师认为被审计公司的会计报表严重失实，或者会计处理方法的选用严重违反有关法规，报表没有价值。

4. 无法表示意见审计报告，即注册会计师在审计过程中，由于受到种种限制，不能实施必要审计程序，无法对被审计公司的会计报表发表审计意见。这样的报告实际上是在说，公司经营出现重大问题，报表不能采信。

注册会计师出具什么样的审计报告，将直接影响投资人、并购人的决策，如果被审计公司是上市公司，那么股票市场里中小投资者的利益也将深受影响。因此，注册会计师必须坚守专业，出具公正、可信的审计报告。那这是不是意味着，坚守专业是注册会计师唯一要做的呢？我们一起去看看冯亦佳老师是怎么说的。

命脉：做好服务还是坚守专业

· 冯亦佳

注册会计师是一个很神奇的职业。一方面，花钱做审计的是企业，也就是我们常说的甲方；赚钱的是注册会计师，也就是乙方。甲方是乙方的客户，乙方一般都得对甲方客客气气的，还要尽可能满足甲方的所有需求，这样才能从甲方那里赚到钱。可另一方面，注册会计师又不能当个纯粹的乙方，对甲方有求必应，而是要坚持原则，努力发现甲方潜在的财务问题，当一个独立第三方，否则就失去了审计的意义。

可想而知，注册会计师要在这样一种微妙的关系中工作，有多么不容易。那么，**如何才能既赚到钱，又保证第三方的公正性呢？我认为最重要的，是把专业和服务分开——坚守自己的职业操守，同时服务好客户。**

注册会计师要先在心里设定一条明确的底线，明白什么时候必须坚守职业操守，什么样的客户需求可以满足。这种区分专业和服务的能力非常重要。如果把满足客户需求放在第一位，面对甲方客户对专业性的挑战时，注册会计师回应的思路一定会聚焦在“如果这么做了，客户会不会不开心”这个问题上，而忘记职业操守的要求。

比如，注册会计师陈万一[1]正在给猫霸公司做审计，他打

1. 后文将用“陈万一”“猫霸”等化名进行案例介绍。

算给猫霸公司的客户发函证[1]，却被猫霸公司的财务阻止了，说这会给他们的客户带来不好的感受。陈万一陷入两难：按照审计准则和相关指引，猫霸公司是不能影响注册会计师的任何审计程序的，但如果坚持给猫霸公司的客户发函证，猫霸公司就会不高兴，甚至可能会说会计师影响了他们的业务。怎么办？

面对这一情况，陈万一的正确选择是，坚守自己的职业操守——发函证，同时和猫霸公司的财务好好聊一聊他们的顾虑到底是什么：是负责业务的老总说会影响关系吗？为什么会影响关系呢？是不是对审计工作有什么误会？

如果经过反复解释和沟通，猫霸公司还是不让发，陈万一就要非常小心了。事出反常必有妖。陈万一需要想想，自己的客户到底是谁。执行审计工作时，注册会计师打交道最多的财务部，其实只是"客户"的一部分，而不是全部。真正的客户是付审计费的猫霸公司，是猫霸公司的股东，是财务报表的使用者。那么，这些客户到底想不想知道真相呢？注册会计师对于所有客户最大的长期价值，就在于可以顶住眼前"客户不开心"的压力，坚守自己的职业操守。

---

2. 发函证指注册会计师为了获取影响财务报表或相关披露认定的项目信息，向第三方直接获取有关信息、现存状况声明和评价审计证据的过程，例如向银行发送函证，获取被审计单位应收账款余额或银行存款的情况。

不过，选择了坚持自己的底线，这就够了吗？当然不够，还得想办法让猫霸公司觉得这样处理是正确的，是站在它的立场上为它好，否则，和客户各执己见，最后的结果只能是一拍两散。当然，如果最后还是没有取得客户的认同，该辞任还是要辞任。

在不失专业性的同时取得客户的认同，可能是目前的审计制度下注册会计师生存的唯一途径。做到这一点其实非常难，谦卑的职业态度、专业经验及沟通技巧的积累都很重要。

注册会计师既要去核查客户真实的经营状况，又要想办法获得客户的配合与认可。在这种情况下，一些原则性不强、专业度不高的注册会计师就很难坚守职业底线。

2021 年底，“康美药业案”判决生效，《中国证券报》为此专门刊登了一篇文章，题为《资本市场“看门人”“走神”“装睡”需付出沉重代价》。这是一起骇人听闻的财务舞弊案，从调查到法院判决经历了三年之久。

2018 年 12 月，证监会宣布对康美药业立案调查，第二年 4 月，康美药业迫于压力对外披露了《关于前期会计差错更正的公告》，显示 2017 年公司的货币现金与当年年报相比减少了近 300 亿元。公告一出，市场哗然，证监会随后披露的调查结果更是让人大跌眼镜：康美药业曾使用虚假银行单据虚增存款，通过伪造业务凭证进行收入造假，又将部分资金转入关联方账户买卖本公司股票。

之后，证监会对负责康美药业审计业务的广州正中珠江会计师事务所展开调查，指出这家事务所存在重大过失：第一，审计报告中存在虚假记载；第二，康美药业业务管理系统和财务系统中的数据存在差异，注册会计师未分析差异形成的原因，未实施必要的审计程序；第三，注册会计师未对银行、往来款函证保持有效控制，未获取充分、适当的审计证据。

2021 年 2 月 20 日，证监会发布了对正中珠江会计师事务所的处罚决定书，没收其业务收入 1425 万元，罚款 4275 万元，并对三名签字注册会计师分别处以 10 万元罚款。这一严厉处罚在这一年年底开始生效，再次给注册会计师行业敲响了警钟。

那么，注册会计师会面临哪些职业风险呢？

注册会计师会面临哪些职业风险

· 王首一

注册会计师这一行的风险有两类，一类是利用可以提早知道企业财务状况的便利条件，进行内幕交易。这是注册会计师的诚信问题，违反了注册会计师的职业操守。比如几年前，猫霸公司作为A股上市企业，即将披露一季度财报，4月中旬，公司财务将一季度财报通过邮箱发送至当时国内某头部会计师事务所，请注册会计师陈万一进行审核。4月下旬，猫霸公司正式公布一季度财报，股票价格上涨20.4%，同期上证指数上涨0.66%。其间，陈万一因为在企业财报中获悉猫霸公司第一季度利润较上一年度有大幅增长，所以购入了猫霸公司股票9800股，交易金额30.98万元，并在4月底全部卖出，获利6.9万元。

根据《证券法》，注册会计师是不能在接受委托期间及财务报表公布后5日内利用工作之便买卖股票的，否则就属于“内幕交易”。最终，陈万一获益的6.9万元均被没收，同时还缴纳了相同金额的罚款。

这个案例中存在多处不规范操作：企业 4 月中旬发送财报，注册会计师没有去现场就直接审核，不到半个月就审完了。这样的事情在今天的监管力度下，是绝对不可能发生的。

随着信息化技术在会计行业中的不断应用，财务报表中出现遗漏和错误的情况已大幅减少，相应地，注册会计师在审计中的重点工作也不再仅仅是核查报表错误。**目前，注册会计师最大的风险其实来源于被审计企业的系统性造假，也就是说，企业把谎言编织得很圆满，而注册会计师由于种种原因让企业蒙混过关，没有查出问题。**一旦企业的这些问题后续暴露出来，注册会计师就会遭到行政处罚，严重的甚至会被追究刑事责任。

举个例子。2001 年，某财经杂志发表长文，质疑上市企业 A 财报造假，相关领域专家更是认为该公司的财务数据体现的是“不可能的产量、不可能的价格、不可能的产品”。经过证监会一系列调查发现，A 企业存在多个可疑之处。比如它与德国一家拥有百年历史的公司签下总金额高达 60 亿元的合同，但这家德国公司却只和 A 企业单线联系，与其他国内公司都没有接触，后来一查，这家“百年老店”其实是注册资本仅为 10 万马克的一家小型贸易公司。再如从财报上看，A 企业购买原材料数量巨大，一次购买上千吨桂皮、生姜，别说仓库，整个厂区恐怕都放不下；而 A 企业采用的萃取技术高温、高压、高耗电，整整一年的水电费却只有 20 万元左右，这怎么可能？

这么多不合理现象，注册会计师都没查出来，肯定是严重失职。经有关部门调查，负责审计的会计师事务所工作的确存在多处漏洞。比如需要第三方公司进行验证的函证，都是 A 企业自己发送的，而不是会计师事务所。同时，事务所片面相信 A 企业是高科技公司，就应当有高额利润；相信 A 企业不断披露高科技信息的新闻肯定是真的。不仅如此，事务所内部风控制度也存在问题，没有基本的三级复核制度，所有报告的审阅与签发都由合伙人一人包办。最终，该会计师事务所合伙人被追究刑事责任，判处两年六个月有期徒刑。

可以说，这种职业风险不是专业技能问题，而是职业态度问题。企业是甲方，注册会计师作为乙方，挣着审计费，能不能坚持原则？不坚持原则，最后就要承担法律责任。

不过，是否存在确实难审的情况呢？当然存在。

在并购审计中，隐性的关联交易就比较难发现。有些企业会把虚构的交易链条做得非常逼真，数据、凭证、合同全都对得上，这就需要注册会计师在现场明察秋毫。如若不然，出资并购的买家吃亏上当，买了一个烂摊子，最后起诉会计师也是正常的。

另外，相比于传统重资产企业，互联网公司、游戏公司的轻资产是比较难审的，卖了多少装备、产生了多少流量，都在网络系统里，收入的水分很难查出来。这就要求注册会计师有较高的网络技术水平，否则就会出现这样的情况：全行业都知道这里面肯定有假，注册会计师也意识到可能存在问题，但就是拿不出板上钉钉的证据，总不能通过各种分析，推断企业有问题吧？于是，被审计单位就会以注册会计师不了解企业所处的行业为由进行搪塞。

所以，注册会计师要想规避固有的职业风险，既得严于律己，又得提高技能，少了哪一样都不行。

风险隐藏在注册会计师工作中的每一个环节，稍有不慎，注册会计师就有可能出具错误的审计报告。同时，我国法律也对注册会计师的工作做出了严格规定：

《中华人民共和国刑法》第一百六十二条：公司、企业进行清算时，隐匿财产，对资产负债表或者财产清单作虚伪记载或者在未清偿债务前分配公司、企业财产，严重损害债权人或者其他人利益的，对其直接负责的主管人员和其他直接责任人员，处五年以下有期徒刑或者拘役，并处或者单处二万元以上二十万元以下罚金。

《中华人民共和国证券法》第四十二条：为证券发行出具

审计报告或者法律意见书等文件的证券服务机构和人员，在该证券承销期内和期满后六个月内，不得买卖该证券。

除前款规定外，为发行人及其控股股东、实际控制人，或者收购人、重大资产交易方出具审计报告或者法律意见书等文件的证券服务机构和人员，自接受委托之日起至上述文件公开后五日内，不得买卖该证券。实际开展上述有关工作之日早于接受委托之日的，自实际开展上述有关工作之日起至上述文件公开后五日内，不得买卖该证券。

《中华人民共和国证券法》第五十三条：证券交易内幕信息的知情人和非法获取内幕信息的人，在内幕信息公开前，不得买卖该公司的证券，或者泄露该信息，或者建议他人买卖该证券。持有或者通过协议、其他安排与他人共同持有公司百分之五以上股份的自然人、法人、非法人组织收购上市公司的股份，本法另有规定的，适用其规定。内幕交易行为给投资者造成损失的，应当依法承担赔偿责任。

《中华人民共和国审计法》第五十二条：审计人员滥用职权、徇私舞弊、玩忽职守或者泄露所知悉的国家秘密、商业秘密的，依法给予处分；构成犯罪的，依法追究刑事责任。

入职会计师事务所需要符合什么条件

门槛：进“四大”专业不受限

· 冯亦佳

一说会计师事务所，人们通常首先想到“四大”[1]，在许多大学毕业生心中，它们出了名地难进。许多人可能会觉得，想进“四大”，那肯定得是顶尖学校财会专业毕业，可能还得通过注册会计师考试。但事实并非如此。“四大”在招人方面有一个鲜为人知的现象：专业不受限制，并没有要求新人必须是财会专业毕业。在“四大”里，生物、化学、计算机、物理、文学、语言、建筑等非会计专业的人大有人在，而且绝大部分是在所里干了一年之后才开始准备注册会计师考试的。

对专业没要求，对资格证也没要求，那要是想进“四大”，得符合什么条件呢？

“四大”主要招聘的都是应届毕业生。如果想要进入“四

---

1. “四大”指国际上最大的四家提供审计等财务方面专业服务的会计师事务所，包括普华永道、毕马威、安永和德勤。

大”，有两个指标会帮助到毕业生：**第一，毕业于一所好大学，**比如我们常说的“985”或“211”清单上的大学，至于专业，没有特别的限制。**第二，英语要足够好。**因为“四大”是国际性会计师事务所，工作语言是英语，除了平时和同事的沟通交流，文件、资料、邮件等非常高的比例都需要用英文，特别是涉及境外上市企业的相关审计服务时。

之所以只有这两方面的要求，是因为“四大”有自己完善的培训体系。进入“四大”后，新人会先接受六周左右的系统培训，详细了解整个审计流程，每年晋级后也都会有相应的专业技能培训，如各种准则更新培训、资本市场动态培训、软件技能培训及沟通培训等。应届生“白纸一张”，对于培训的内容更容易接受。而挑名牌大学毕业的学生，主要是因为他们的学习能力更强，即使不是科班出身，在专业上也不会有太大问题。而且，进入“四大”的前一两年，工作对个人的财务知识要求并不是很高，新人可以结合实践逐步提高自己的专业能力。

所以，即便不是财会专业出身，也有机会成为注册会计师。

与“四大”不同，一些国内会计师事务所不要求新人必须来自名校，而要求他们必须是财会专业毕业，来了就能上手干活。但是，随着国内会计师事务所的快速发展，一些头部事务所在专业度、业务范围、管理模式等方面与“四大”的差异正逐渐减少。那么，他们在招人时主要考虑哪些因素呢？

素养：学习能力最重要

· 王首一

一些头部的国内所在招人时，并不局限于会计专业。现在提倡打造多样型团队，因此需要多样一些的人才。懂财务、懂会计，肯定上手更快，但如果学的是其他专业，比如生物、贸易、环保、材料，也可以先进来再系统学习；如果做基金项目，那就需要金融专业的学生；做 IT 公司的项目，就需要懂计算机的人。尤其现在已经进入 5G 时代，很多企业都在做财务共享中心，建设数据中台，如果只懂会计的人去了，是什么也看不懂的，所以，未来至少要将懂会计的和懂计算机的人搭配到一起。

对于新人来说，只要对注册会计师这个行业感兴趣，愿意付出，并且能够让人看到他是可塑之才，事务所就不会纠结他的专业背景是什么。

但是，这并不是说事务所对新人没要求，以下是事务所的人才画像：

我们需要的人才，是愿意努力学习专业知识、努力积累实战经验、努力提升沟通技巧、努力坚守职业信念、努力激发自我成就的动机、努力保持对世界的好奇心的人。

一切事物的主导因素都是内因，如果一个人在这六方面不肯努力，再好的背景也没有用，即便侥幸进入大的会计师事务所，也不会长久。

进门只是第一步，是否具有较强的自我驱动力和学习能力，能否做到上面那六点，才是考验一个新人的关键，这需要一定的时间来观察。

近几年，我国注册会计师考试的报名人数每年都多达一百多万，但通过率却始终只有20%左右。之所以会有那么多人对这个职业心怀向往，锲而不舍地埋头复习，一年又一年地报考，是因为他们认为这是一个“金领”职业，一旦获得注册会计师资格，进入会计师事务所，就可以年薪百万，攀上事业高峰。但事实果真如此吗？

注册会计师的收入果真领跑其他职业吗

· 冯亦佳

提到注册会计师，人们通常觉得，他们都是和钱、上市等打交道，收入肯定很高。注册会计师的薪酬确实曾经很高。以“四大”为例，1990 年至 2009 年，“四大”的会计师拿到的各项薪酬（工资 / 加班费 / 差补）都远远超出了当时各行业薪资的平均水平。一个刚进入“四大”的应届生，就能拿到 5000 元左右的工资，之后几年，每年都有 50% 左右的增长。而根据之前公布的相关数据，2000 年全国大学毕业生的平均工资还不到 1200 元。注册会计师成了当时人们趋之若鹜的职业。

但是，在随后各行各业薪资水平普遍上涨的时代，注册会计师的薪资增长却相对有限。现在在一线城市，一个应届生进入“四大”，拿到的就是 8000 ~ 10000 元的基本工资，这和大多数行业新人的薪资是差不多的。

这是不是代表着注册会计师这个职业正在走下坡路，不值得后来人从事了呢？在我看来并不是，只是随着我国人口素质和经济环境的不断提升，这个职业的薪酬水平不那么突出了。

二十多年前，我国资本市场才刚起步，各大企业年审、上市等财务方面的需求激增，但懂会计、懂财务管理的人寥寥无几，也没有专门的会计师事务所。这时，毕马威、普华永道等四大会计师事务所进入中国。在起初的那些年里，可以说，它们对当时企业改制及走上资本市场之路做了很多贡献，同时也赚得盆满钵满："四大"包揽了计划走向境外资本市场的大部分国内头部企业的年度审计、上市和重组审计业务，没有竞争对手，在与企业的力量对比中，处于卖方市场的地位，所以议价能力比较强。同时，"四大"是国际性事务所，在财务制度、规范治理等方面给当时中国的企业带来了不少先进经验。在这种情况下，注册会计师的高薪酬也就不难理解了，注册会计师职业也顶上了耀眼的光环。

但这种红利是不可能一直持续的，最终还是要向市场平均状态回归。一方面，懂会计、财务知识的人越来越多，也有越来越多的会计师事务所参与到竞争中来，供需开始平衡。而企业的财务制度、公司治理也在朝越来越规范的方向发展，注册会计师创造的额外价值相对减少，注册会计师的收入自然就没那么高了。另一方面，随着中国经济的发展，各行各业的收入都有了不同程度的增长，注册会计师的收入优势也就没那么明显了。

目前，**四大会计师事务所的收入主要由基本工资、加班工资和年度奖金构成。**其中年度奖金是比较固定的，和项目收入以及做多少活儿没有直接相关性，但项目质量和执业质量对于年度奖金一定会有影响。因为事务所整体的思路是要保证注册会计师的独立性，如果收入和项目直接挂钩，就会影响注册会计师对风险的判断，导致整个事务所以利益为驱动。比如说如果这个项目做成了，注册会计师也许就能多拿200万元奖金，而如果发现了客户的问题，注册会计师讲出来了，这200万元奖金就没了，那么在利益面前，注册会计师到底选择讲还是不讲呢？这会对注册会计师构成较大的挑战。所以，“四大”不会以奖金的方式衡量项目情况，同样，也不会以奖金的方式鼓励注册会计师拓展业务，不会因为拉了一个大客户，就给予高额奖金。

所以，注册会计师薪资相对固定的背后，既是职业独立性的问题，也是更深层次的品牌问题。

采访中，内资所的合伙人同样提到，项目提成对于注册会计师来说是不存在的，事务所不会根据一个项目挣了多少钱来分配奖金，而是会根据整个团队在一定时期内的总体表现来决定季度奖金或者年度奖金的多少，这个数目通常来说是比较固定的。因此，如果选择做一名会计师，就意味着你的薪资会跟随职级稳步上升，而不会像做销售一样大起大落。

注册会计师的升迁路径是否清晰可见

清晰：外资所的晋升速度稳定可见

· 冯亦佳

在很多企业里，要想升职，都得满足业绩、资历等方面的要求；在有些地方，想升职，还得托人找关系。但会计师事务所的情况有所不同。**如果你进了“四大”，头五年，只要没有因为犯什么绝对性错误（比如诚信问题）而被迫离开，也达到了 CPA 考试的进度要求，一年升一级的节奏是看得见的。**可以说，注册会计师这个职业为年轻人修筑了一道清晰、明确、看得见的成长阶梯（见表 1-1）。到第三年，成为高级审计师这个小目标就可以实现了；到第五年，大概率你会向审计经理迈进。

表 1-1 “四大”职级划分

年限	中文级别名称	主要工作
第一年	初级审计师1级	通常负责函证、抽凭[1]、对数字等具体工作
第二年	初级审计师2级	

1. 指抽查原始凭证。

续表

年限	中文级别名称	主要工作
第三年	高级审计师1级	通常会是审计项目的现场负责人
第四年	高级审计师2级	
第五年	高级审计师3级	
第六年	审计经理1级	通常会是审计项目的总负责人
	审计经理2级	
	审计经理3级	
	高级审计经理1级	通常手里会同时处理十多个项目
	高级审计经理2级	
	高级审计经理3级	
	高级审计经理4级	
	合伙人	

所以，虽然有时候比较累，还经常加班，但对很多希望稳定进步的年轻人来说，注册会计师这个职业是很合适的选择。从高级审计师到经理，之后再到高级经理，如果干得非常顺利，你会升得很快，入行第十年就能升到高级审计经理 2 级。当然，后面的阶段不像前五年一样，不犯错就可以达到，而是有一定的门槛。

首先，想要从高级审计师升到审计经理，必须通过 CPA 考试，这是硬标准。

其次，由于每个审计小组高级经理的人数都是一定的，想从经理升到高级经理，只有职位空缺了，才能轮上。

最后，从高级经理升到合伙人，也有相应的限制。专业技术能力过硬只是敲门砖，大部分升合伙人的测试都更为看重你拓展业务的潜质。

即便不同的注册会计师升职有快慢之分，但只要坚持下去，升为合伙人的概率还是有的。我们所晋升速度最快的人，从初级审计师升到合伙人只用了十年；慢的话，也可能要花上十五至二十年。当然，不是所有人都会在这个行业里一直干下去，多数人会选择在高级经理这一级跳出“四大”，进入企业做财务部门的负责人，或者转去金融行业，或者选择去做职业经理人。

总之，一个人如果希望自己的职业晋升之路可控、可预期，注册会计师是一个不错的选择。

差异：内资所的职级规范又不失灵活

· 王首一

一般来说，新人只要踏踏实实干，通过各项规定的考核，不犯什么大的错误，一年升一级是肯定的。只要坚持在这个行业发展，高级项目经理这个阶段基本都能达到。如果学习能力强，各项表现都十分突出，跳跃式前进也不是不可能。

我们部门有个年轻同事，一年跳两级，短短五年走过了别人十年的路，现在已经是部门副经理了。

如何才能跳级晋升呢？首先，你需要在部门考核中获得“优秀”。部门考核的成绩由考核小组打分产生，这个考核小组包括合伙人、审计总监、副经理等若干人，成绩是大家集体决策的结果，“优秀”的比例一般在 10% 左右。其次，你的工时需要超过规定时长 10% 左右。

获得“优秀”的员工会根据级别参加考核述职，由本部门合伙人推荐，经过事务所考核小组评委打分，最终确定新一年的级别（见表 1–2）。在某内资所，每年都有不少优秀员工跳级晋升，这样的发展空间和培养力度有助于事务所留住人才。

表 1–2　某内资所职级划分

年限	级别名称	级别类型
第一年	审计员	基础岗位
第二年	高级审计员	
第三年	项目主管	中级岗位
第四年	高级项目主管	
第五年	项目经理	
第六年	高级项目经理 1 级	
第七年	高级项目经理 2 级	

续表

年限	级别名称	级别类型
第八年	高级经理1级	高级岗位
第九年	高级经理2级	
第十年	高级经理3级	
第十一年	业务合伙人1级	
第十二年	业务合伙人2级	
	部门副经理	管理岗位
	审计总监	
	合伙人	

新人在审计员和高级审计员阶段主要从事基础工作，负责具体科目的审计。

项目主管和高级项目主管除了承担部分难度大一些的基础工作外，还要担任现场负责人，需要一定的组织协调能力。

而项目经理和高级项目经理则必须具备一定的项目管理能力，因为通常情况下可能会同时做好几个项目。

再往上发展，高级岗位中的高级经理和业务合伙人依然定位在业务层面，二者的区别在于所负责项目的大小和重要程度不同。而到了部门副经理、审计总监的位置，在负责业务的同时还要协助合伙人进行管理工作，包括人员的晋升、谈话、考核等。如果能力足够，可以晋升到合伙人级别。

遇到瓶颈是否要选择跳槽

发展：与平台保持共赢关系

· 孙含晖

会计师事务所的人员变动非常频繁，整个行业的人员流失率也相对较高。很多在这个行业做了一段时间的人都会思考这样的问题：我在这里还有更好的发展吗？要不要跳槽？

很多人觉得，注册会计师在一家事务所积累了几年经验，如果有其他公司愿意给更多的薪水和更高的职位，而在事务所又没有太好的发展机会，就应该选择跳槽。但在我看来，是否跳槽，不仅要看薪水、职位这些条件，更要看事务所和个人之间的成长关系和匹配程度。这是什么意思呢？

其实，**个人和事务所之间应该是一种赛跑的关系。**在事务所工作了一段时间后，如果你发现自己的个人能力有了很大提升，但事务所的发展却始终不温不火，跟不上自己成长的步伐，那么，即使事务所对你的工作非常认可，也有很好的升职加薪机会，我也建议你跳槽，去寻找更大的平台。因为长期在这里待下去，你接触的项目会极其有限，能力可能一直在原地打转，不会有更大的提升。

相反，如果事务所是一个很好的平台，或者成长的速度非常快，即使个人在其中做得比较吃力和辛苦，短期内没什么升职加薪的机会，我也建议你不要跳槽，而是咬咬牙，留下来。事务所发展越快，接到的项目和接触的前沿问题会越多，每个位置上的人就需要承担越多的有难度的工作。比如，事务所原来有 100 个客户，随着业务发展，增加到了 200 个，而且还增加了很多央企或者世界 500 强客户。你作为项目经理，以前只负责一些小企业的审计，现在可能有机会负责中石油、中石化这类大客户的审计；以前手上有五六个项目同时运转，现在可能要同时处理 10 个项目。在这一过程中，你的专业能力、管理能力都会得到锻炼和大幅提升。当然，如果一直跟不上事务所的发展，一直跑得比它慢，你也有可能会被降级，甚至被辞退，这是最糟糕的情况。

总之，你和事务所应该始终是一种互利共赢的关系：你通过工作为事务所提供价值，事务所为你提供成长的平台。一旦这种关系被打破，就是你可以跳槽的时候了。

在“四大”，注册会计师接触的项目和得到的锻炼弥足珍贵，从职业发展的角度考虑，当然应该坚持留下来。但是，工作到第五年或第六年时，你会发现，向上的通道变得越来越窄，并不是每一个留下来的人都能得到晋升和很好的发展。这个时候，你面临的选择有哪些呢？

选择：是否晋升取决于你的意愿有多强

· 冯亦佳

在“四大”，工作到第五年的同学会面临更加激烈的竞争。因为在前五年，基本上注册会计师每年都会升一级，但在即将到来的第六年，晋升比例就没有前面五年那么高了。这时候，注册会计师会观察当年的晋升比例是多少，判断自己晋升的概率有多大，如果自己去其他所可能是什么职级，工资会不会多出一千块，等等。通过这样的权衡，很多人会选择去内资所，或者去甲方公司的财务部，或者干脆转行，选择更加轻松的工作。这个阶段的离职率很高，大概在30%～40%。

很多人认为，在第五年遭遇瓶颈，是因为从这一年开始，晋升要求的能力高了。但在我看来，选择在这时跳槽的同学，更多是自认为自己不能再往上升，而不是事务所认为他不能再往上升了。也就是说，**在“四大”是否能往上走，取决于个**

人意愿，而非门槛。比如我有一个同事，升经理的时候等了三年，升高级经理时竞争依然激烈，又等了两年，但最终还是晋升成功了。所以，晋升和能力有关，但更和你的意愿有关。能否晋升，取决于你是否愿意为了晋升付出更多努力和时间。而努力，意味着你要持续地承担更多工作，主动和项目合伙人一起，为团队解决更多困难。

也有另外一种情况。比如我的另一位同事，各方面都很出色，在完整做完一个 IPO（首次公开募股）项目、获得了非常多的宝贵经验、所有人都认为她的晋升理所当然时，她竟然选择转行，去一家外企做起了稳定的财务分析工作，基本不会用到之前积累的 IPO 经验。她说，我已经爬过了这样一座山，不想再继续爬了，我现在想去海边，搭个帐篷，看看从来没见过的风景，经历另外一段人生。

所以，一个人是否离开并不是基于他优不优秀，而是基于他是否愿意继续在这一行发展。每个人有不同的选择，我们对每一个离开的人都心存祝福，无论他是去了甲方做财务工作，还是干脆转行不做财务相关的工作了，未来都有可能成为我们的客户。

注册会计师会被人工智能取代吗

· 钟丽

近年来，各大会计师事务所都在利用人工智能技术进行大数据统计与分析，提高审计效率，增强审计效果。在这个过程中，一些简单、重复的工作渐渐被人工智能取代了。

比如，之前注册会计师给客户发函证，都需要手工录入金额、地址等信息，而现在只要把填有信息的 Excel 表格和函证模板发给机器人，机器人就能自动输出函证。除此之外，随着 ChatGPT 这类高度智能化产品的出现，以往我们工作中的重要环节——数据分析也可以交给 AI 完成了。

所以，有人不免存疑，审计这项工作最终是不是也会被人工智能彻底取代？注册会计师这个职业会不会最终消失？

在我看来，它是不会消失的。理由有三：

首先，这个行业有着特殊的存在意义，也就是它的鉴证性。只要企业间的交易存在，只要金融市场存在，就有财务报表需要通过第三方来核查鉴证。这种独立的鉴证性是很难被人工智能取代的。

其次，审计工作的核心是判断。比如，注册会计师发现不能出具无保留意见的审计报告，那么，是出具“保留意见”“否定意见”，还是“无法表示意见”的审计报告，是需要注册会计师根据企业的经营状况来判断的。再比如，企业的机器、设备、厂房等，在记账时都要算折旧年限，客户设定的五年、十年的折旧是不是合理，也需要注册会计师做出判断。这种持续评估、持续判断，需要大量临场沟通，是人工智能始终代替不了的。

最后，对注册会计师来说，审计过程中的沟通是无处不在的。对外，注册会计师要和客户沟通，要求补充资料、配合审计进度、调整账目等，还要和监管机构沟通，解答监管机构对财务报表的一些问询。此外，还要通过沟通让客户感受到服务，觉得能从你这里增长知识和见识，学到更好的问题解决思路。对内，所有的审计项目都是以团队项目管理的形式进行的，一个小的审计团队有 3 ~ 5 个成员，大的团队会有十几个甚至上百个成员。所有这些人与人之间的沟通都是不能用机器来代替的。

鉴于以上三点，我认为，注册会计师这个职业很难被 AI 取代。其实，与其担忧这个问题，我们不如换一个思考角度：这个职业将会因为ChatGPT等高度智能化产品的出现得到更多辅助和支撑，我们的工作效率将会因此而大幅提升。

CHAPTER 2

第二章 新手上路

现在，你已经了解了注册会计师职业的基本特点。当你再次路过一栋写字楼，看到西装革履的会计师们行色匆匆时，也许不会再觉得他们有多神秘，多富有，多让人羡慕，相反，你可能会觉得他们非常不容易，要花费几年时间准备难度极大的考试，要面对枯燥和忙碌的每一天，要坚守专业，还要赢得客户的配合，和其他白领相比，他们的薪资并没有高出多少，却要时刻小心身边的陷阱，稍不注意，就可能错过重大漏洞……

一名成熟的注册会计师，需要扎实的基本功、敏锐的心智和丰富的经验。现在，就让我们正式开启注册会计师的职业预演之旅。在这一部分，你将看到：

一个面临专业选择的高中生如何判断自己是否适合做一名注册会计师？

哪些大学的会计学专业在全国名列前茅？

会计学专业的大学生在校期间要做好哪三件事，才有利于将来成为一名注册会计师？

选择什么样的会计师事务所更有利于自己发展？

进入会计师事务所的头几年会面临哪些难题？

注册会计师如何在工作中学习与成长？

如果你已经大学毕业，不存在选择专业和安排校园生活的问题，那么你可以直接跳到第 66 页进行阅读。

◎入行须知

在校期间如何做好准备

匹配：你适合做注册会计师吗[1]

注册会计师在工作时要面对各行各业，对行业越是了解，就越能发现其中的生产经营问题，所以，很多会计师事务所在招聘时并没有规定候选人必须是会计学及相关专业出身，而是可以先入行，再慢慢准备 CPA 考试。同时，CPA 考试本身也没有对考生做出专业上的明确要求。**CPA 考试的报考条件只有三个：中国公民；遵纪守法且具有完全民事行为能力；具有高等专科以上学校毕业学历，或者具有会计或相关专业中级以上技术职称。**也就是说，不管在大学读的是什么专业，你都有机会成为一名注册会计师。

1. 本篇内容由编著者根据相关资料和访谈整理而成。后文未标注受访者的文章均为这种情况。

如果你是一名即将面临高考的高中生，在选择专业和考试科目的时候，我们建议的考虑因素依次是：志向、兴趣、长板和学校。所谓志向，是你希望自己具有怎样的价值，成为一个怎样的人，它与你的价值观高度相关，是能够支撑你面对种种困难的动力；所谓兴趣，更多的是基于好奇心，虽然你也会对兴趣付出辛苦和努力，但它不一定是你最终选择的人生；所谓长板，是你眼前什么学得好，哪科分数高，虽然这可以在一定程度上体现你的能力特点，但人生很长，你现在擅长的，不一定是你将来擅长的。选择科目时，固然要考虑自己擅长什么，但志向和兴趣其实更为重要。

如果你认为注册会计师是一个不错的职业，不仅仅是因为它体面、收入不错，更是因为看到了它的价值，那么，你就可以进一步了解这个职业，并对自己是否适合这个职业做出初步判断。

你首先可以通过职业测评判断一下自己究竟是哪一类人才。国际上比较流行的职业类测评包括：霍兰德 SDS 职业兴趣测试、职业锚测评、贝尔宾团队角色测试、TKI 冲突模型测验、DISC 行为模式测试、MBTI 职业性格测评等。其中比较适合高中生和大学生使用的是霍兰德 SDS 职业兴趣测试和 MBTI 职业性格测评，可以帮助你从个性特点、兴趣趋向角度判断自己未来的职业方向。

霍兰德SDS职业兴趣测试将人的职业兴趣划分为现实型、研究型、艺术型、社会型、企业型、常规型等六种类型。其中常规型的特点是顺从、谨慎、稳重、注重效率，喜欢有条理的工作，希望在组织与秩序中获得发展。在霍兰德的分析中，会计相关职业属于常规型人才的典型职业。

不过，优秀的注册会计师除了要具备严谨、稳重、条理性强等特征外，还要对人、对事有足够的敏感度和判断力。有人根据MBTI职业性格测评，归纳了**注册会计师的人格特质：**

实感。这类人信赖五官听到、看到、闻到、感觉到、尝到的东西，认为实实在在、有形有据的事实和信息最为可靠。他们注重细节，擅长记忆大量事实与材料，有时甚至像本词典，能清晰地讲出大量的数据、人名、概念乃至定义。

思考。这类人认为坦率、理性比圆通更重要，非常在乎公平、公正的价值。

直觉。会计相关职业必须十分理性，不仅要眼见为实，而且要逻辑缜密。但与此同时，注册会计师在审计工作中也需要对人、对事、对事物背后的来龙去脉有很强的洞察能力，并能从宏观视角发现客户的整体运营趋势。这既需要理性、逻辑，也需要很强的直觉。

情感。你可能觉得“情感”这个词很感性，和注册会计师不会有什么关联。其实，注册会计师需要有很强的沟通能力和对人的判断能力。尤其在与客户各部门打交道的过程中，注册会计师必须能够拿到关键资料，与客户财务人员进行很好的协作，并从中有所洞察。这就要求注册会计师善于理解他人感受，在情感上与他人产生连接。

这些测评可以帮助你初步了解自己的职业方向，并作为你选择专业的参考。当然，每个人都有自己的特点，不能一概而论，但如果以上特质全都与你无关，那么你选择做一名注册会计师可能就会面临比较多的不确定性。

目标：寻找适合你的考试科目和学校

如果你认为注册会计师是一个理想职业，并通过测评认为自己大概符合这一职业的性格特质，那么接下来，你就可以看看，在这一类专业中，哪些学校比较好，哪些学校虽然差一些，但自己也能够接受，并根据自己分数的实际情况筛选报考目标。在这里，我们为你整理了 2022 年会计学专业的相关院校信息。

会计学专业属于工商管理学科，是一个应用性较强的专业，下设有企业会计、国际会计、注册会计师等三个专业方向。目前，我国开设会计学专业的院校多达 170 余所，其中设置注册会计师专业方向的财政部下属高校有 22 所[1]：

中国人民大学、清华大学、上海财经大学、北京工商大学、首都经济贸易大学、吉林大学、辽宁大学、东北财经大学、中央财经大学、中山大学、暨南大学、湖南大学、天津财经大学、吉林财经大学、复旦大学、安徽财经大学、厦门大学、西南财经大学、江西财经大学、武汉大学、中南财经政法大学、西安交通大学。

而从整体会计学专业的学科水平来看，以下这 10 所学校的会计学专业在 2022 年被列为国家重点学科[2]：

上海财经大学、西安交通大学、中国人民大学、东北财经大学、中央财经大学、中南财经政法大学、西南财经大学、中山大学、厦门大学和清华大学。

你可以从中筛选出与自己分数相匹配的学校，并进一步了解它的考试要求。

---

1. 高职招生网：《全国会计学专业大学排名介绍（完整版）》，https://www.52souxue.com/plus/view.php?aid=308691，2022 年 12 月 20 日访问。

2. 学习啦：《2022 会计学国家重点学科大学》，https://www.xuexila.com/zixun/jiaoyu/c1366155.html，2022 年 12 月 20 日访问。

在设置会计学专业的高等院校中，绝大部分对高考选科没有明确要求，但也有少部分做出了要求。在这里，我们整理出其中的一部分供你参考：

物理（必须选考）：清华大学、北京交通大学、北京航空航天大学、同济大学、上海交通大学、武汉大学、重庆大学、西安交通大学。

物理／历史（选考其中一门即可）：中国人民大学、中国石油大学（华东）。

物理／化学（选考其中一门即可）：复旦大学。

有了明确的奋斗目标，你的高中生活一定会充满干劲。

高考结束后，拿到分数，你就要开始填报志愿了。这时候，你要重点关注自己的分数可以达到哪些学校往年的分数线、学校所在的城市、未来就业趋势等问题。除此之外，如果有条件，你还可以去目标学校实地考察，问问师哥师姐关于学校的真实情况，体验一下校园氛围；也可以了解一下该校学生毕业后的就业情况，比如会有哪些会计师事务所来校招，大家普遍关注的会计师事务所又有哪些等。别以为实地考察是多此一举，未来你要在这里度过宝贵的四年时光，情况了解得越具体，就越有利于做出正确选择。

成长：在校期间要做的三件事

进入大学后，除了学好专业课，打牢基本功外，你还可以进一步做好三件事。

第一件事，着手准备 CPA 考试。在校期间，你没有太多工作和生活压力，时间充裕，可以从大一、大二开始接触 CPA 考试的相关知识，到大四直接参加考试。这样，不但可以增加自己毕业后的竞争筹码，也可以避免日后一边要应对工作压力，一边还要复习考试的局面。

CPA 考试包含两个阶段。专业阶段考试包括会计、审计、财务成本管理、经济法、税法、公司战略与风险管理等 6 个科目的测试。综合阶段考试为职业能力综合测试，分为试卷一和试卷二，试卷一以鉴证业务为重点，主要涉及会计、审计和税法等专业领域；试卷二以管理咨询和业务分析为重点，主要涉及财务成本管理、公司战略与风险管理，以及经济法等专业领域。综合阶段的考试，实质上是对考生专业知识综合运用能力水平的测试。

CPA 考试每年举行一次，你可以在一次考试中同时报考 6 个科目，也可选择报考其中部分科目，单科成绩合格后，在之后连续 4 次考试中都是有效的。也就是说，专业阶段的考试你可以一次通过，也可以用 5 年时间逐步通过，如果 5 年内有一科没通过，那么之后你就要重新考。而综合阶段考试的试卷一和试卷二需要在同一年通过。要想通过 CPA 考试并不容易，有机构统计，每年 CPA 考试的综合通过率只有 20% 左右。所以，把大学的时间充分利用起来，尽可能在大四的时候多过几科，当然是明智之举。

那么，该如何规划自己的考试节奏，以及考试科目的先后顺序呢？

我们先来看一看专业考试阶段各个科目的特点：

会计是 CPA 专业考试 6 个科目的基础，需要最先准备。

审计是逻辑性最强的一科，也需要有一定的背诵能力，很多考生会觉得它比较难，甚至有看天书的感觉，所以最好不要安排在和会计同一年考试。

财务成本管理对记忆力要求比较低，但计算量比较大，对做题熟练度要求很高，这当然要建立在一定时间积累的基础上才可以达到。

税法的计算量也比较大，而且需要运用比较多的税收优惠知识点，同样需要一定的做题熟练度。

经济法计算量最小，它是一个记忆内容比较多的科目，突击背诵效果比较好。

公司战略与风险管理需要先建立起框架，对逻辑能力和背诵能力都有一定要求。

根据这些科目的具体特点，你可以把它们两两搭配，分三组考完，比如第一年参加会计和税法两科的考试，第二年报考审计和经济法，第三年报考财务成本管理和公司战略与风险管理。如果准备充足，你也可以在大学毕业那年一次报考三科。

第二件事，学好英语。英语对于注册会计师来说有多重要？可以说，英语好不好，会决定你的每一步走得顺不顺。

首先，英语好可以帮助你在 CPA 考试中取得更高的分数。专业阶段的 6 个科目，以及综合阶段的职业能力综合测试（试卷一）中，均设有一道 5 分的英语附加题，你可选择使用英语或中文作答。用英语作答并且回答正确，可以额外加 5 分，此时满分为 105 分，合格线依然是 60 分；如果你使用中文进行作答，题目则按正常分值计分。

其次，在你将来的求职过程中，能不能进入“四大”，英语也是重要影响因素之一。很多合伙人在招聘新人时，对是否通过 CPA 考试并不做硬性要求，但对英语水平却有着很高的期待。而在未来漫长的职业生涯中，英语好不好更是能直接影响你可以做什么项目，可以负责哪些工作。

所以，在大学期间学好英语，全面提升自己的听说读写能力，可以为你将来的职业选择加分。

第三件事，实习。任何公司都希望新来的人能够尽快上手干活，而应届生应聘时最大的劣势就是缺乏工作经验，同时在职业意识方面容易眼高手低，认为自己挺厉害，不愿意从基础工作做起。如果在校期间有过会计师事务所的实习经历，那么你的这两方面就会得到弥补。

如何寻找实习机会呢？你可以找师兄师姐介绍，也可以关注学校官网的就业版块，或者登录各大会计师事务所的官网。一些事务所会公开招募暑期实习生，比如天健会计师事务所不仅会在官网上，也会在一些院校的校园网站刊登很详细的实习生招募信息。

作为实习生，你的任务多半是一些辅助性工作，比如粘贴原始票据、寄送函证、整理审计底稿并装订、参与抽查凭证等。你可千万不要以为这些看似具体、琐碎的工作无关紧要，因此应付了事，注册会计师的基本功就是在这一点一滴中练出来的。那么，实习生在工作中都该注意什么呢？

首先，你要特别关注每一项工作的流程，在这个流程中大家是怎么协作的，而你在这个流程中要起到什么样的作用，比如抽查凭证，你可能只负责核对，但什么样的凭证需要抽查，师父又是怎么进行抽凭的，等等，这些问题你不仅要关注，还要多问为什么；其次，你要关注工作中的一些细节，比如粘贴原始凭证，你可能很不屑做这样的工作，但是，能不能按照数额大小把相关票据贴整齐，可能直接关系到你是否能从中发现问题；此外，你还要关注工作中用到的一些工具，比如会计电算化用的软件是什么，怎么操作，还有哪些功能等。

你在实习中收获越多，你的实习报告就越丰满，能够总结的心得就越多。

毕业时，如果已经通过了 CPA 的几门考试，具备良好的英文水平，并且手拿一份充满细节和思考的实习报告，那么你无疑会在竞争中占据优势。

选择：执业还是非执业

通过 CPA 的全部考试后，你就可以拿到由财政部注册会计师考试委员会办公室颁发的全科合格证书，但这并不意味着你已经获得了注册会计师的执业资格。

注册会计师分为执业和非执业两种（见图 2-1）。通过 CPA 全部科目的考试后，你还需要在中国境内从事审计业务工作两年以上，然后通过所在的会计师事务所向省级注册会计师协会申请注册为执业会员。注册成功后，你才拥有在审计报告上签名盖章的权利。**签字权，是注册会计师的一份荣誉，更是一份责任。**

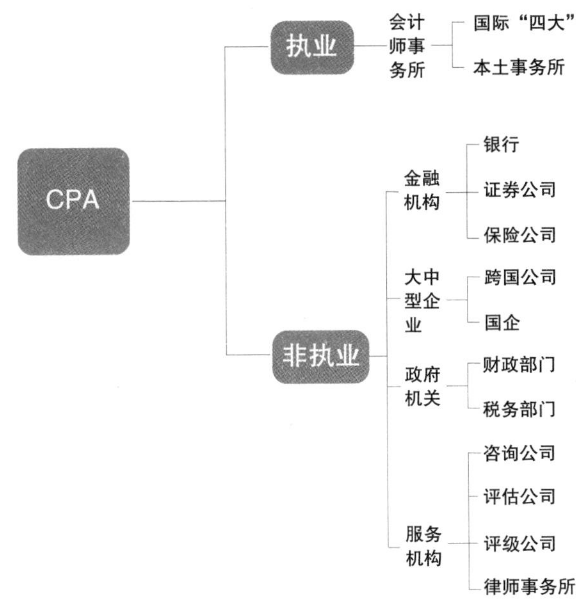

图 2-1　执业与非执业的不同职业路径

上市公司每年都要聘请第三方注册会计师对财务信息进行审计并出具报告，通常一份年度审计报告需要两名注册会计师签字。注册会计师一旦签署了审计报告，就代表被审公司的财务信息已经得到审核及确认，这些报告将成为公司股东进行投资、决策的重要参考依据。如果报告有失公允，势必会给股东和投资者带来损失。因此，每年证监会和中国注册会计师协会都会对审计报告进行抽查，一旦出现问题，签字的注册会计师将会受到严厉处罚。

有无审计签字权是CPA执业会员与非执业会员的区别之一，代表了两种截然不同的职场发展路径。

当然，执业和非执业是可以相互转换的。执业会员不在事务所干了，可以申请转为非执业，非执业会员进入会计师事务所从事审计工作两年后，也可以申请转为执业。在会计师事务所工作的注册会计师通常会面临很大压力，经常加班，而非执业会员一般会进入企业从事财务工作。两种路径中哪一种收入高，哪一种相对轻松，其实并不能一概而论，究竟哪一条路适合你，你要全面考虑。

哪种平台更适合你发展

外资：资源多，体系建设完善

· 王峰

提到会计师事务所，“四大”是众人都熟知的，而说到内资所，人们通常的印象就是各方面都和“四大”有一定的差距，似乎它们之间就是“先进”和“落后”的关系。其实，这样的理解是有失偏颇的。

单就审计这项传统业务来说，无论是注册会计师的专业能力，还是整体的审计水平，内资所并不逊于“四大”。“四大”主要是强在了它们的业务网络和信息资源的储备与管控上。

首先，凭借在全球的资源和布局，“四大”在一些国际业务上会更有优势。中国企业要去美国上市，多会找“四大”来做。一是因为所有的财务文件都要使用英语，“四大”在语言上更为便利；二是因为“四大”原生于西方商业世界，对纽约、纳斯达克等交易所上市的政策、规定都非常熟悉，能够给企业很好的指导；三是因为从长期积累的信誉度来看，各个国家也都普遍认可“四大”出具的报告。而内资所在这些方面并不擅长。

而且，中国“四大”的很多业务都是由国外总部引荐过来的。比如谷歌，它是美国普华永道会计师事务所的星级客户，如果谷歌在中国开展业务，肯定会首选普华永道（中国）来为它服务。脸书、亚马逊等跨国企业都存在这种情况。

其次，“四大”经过多年的发展，在信息的管控上更加完善。在“四大”，每个人都要对自己的工作内容进行详细记录，包括服务了哪个项目、哪个客户，做了哪些事情，有怎样的成果等，而且要精确到每个小时甚至更短的时间单位。

除了工作任务的管理，“四大”对员工的风险管理也非常严格，不仅对员工有诸多限制，就连其亲属的行为也会受到限制。一旦有任何违规现象，即使是无心之过，也会受到相应处罚。我之前就被罚过一次，原因仅仅是买卖股票没有在规定的14天内进行登记。这些股票既不与客户相关，也没有明确限制买卖，而且还不是我本人的行为，是我爱人买了之后忽略了这件事，最后我为此缴纳了高额的罚款。

你可能注意到了，注册会计师在工作中要面对各行各业，如果对一个行业的生产流程、销售方式、上下游关系不了解，是做不好审计的。为此，“四大”力图通过行业细分来提高注册会计师的专业度。

外资：行业细分提升了各岗位的专业度

· 冯亦佳

“四大”之所以在全球注册会计师行业中处于领先地位，主要原因是它们在早期已经形成了国际化网络平台，建立了全球统一的平台管理制度，对整个平台的审计风险和审计质量的把控更清晰，对不同行业之间的差异也予以足够的关注和重视，并且在行业审计特点和企业时代特点上追求有针对性、可执行的审计体系开发，包括理论开发和软件程序开发。

“四大”把注册会计师大致分为金融和非金融两大类，这两类公司在经营机制上存在很大不同。针对金融行业的审计，专业度非常高，需要有过硬的金融背景知识；而在非金融行业里，生产、能源、零售、互联网等又会进一步细分，**注册会计师往往会专注于某一个行业，对该行业的国内外行情、上下游关系、运转流程有着深度认知，**比如：这个产品依靠的资源最近是升值还是贬值？会不会影响到生产成本？这种产品是如何运输的？中间会产生哪些额外的运输费用？如果不熟悉行业的这些细节，就很容易出现差错和遗漏。而对一个行业的认识深度，需要日积月累，不是一个人蜻蜓点水做一个项目就能达到的。

另外，**在一个行业中，我们也会再次进行细分，比如做固定资产的人会持续在不同项目中跟进这个科目，**这样，他对这类企业的设备状况就会有一个更加深入的认识，某种设备产能多少，是不是和企业报上来的数字匹配，他一眼就能看出来。

行业和科目细分确实会让注册会计师拥有更高的专业度，但是，作为一名新人，是不是会被固定在一个行业反复做相同的工作呢？其实不是。比如在非金融领域，虽然细分行业非常多，但它们的基本逻辑是相同的，都是依托某种资源，形成某种产品，然后进行营销售卖，有着普遍规律可循。所以，如果工作时间长，行业之间并不是完全不可跨越的，不存在几十年只能专注于能源或化工的现象。有机会接触到不同行业，这也是注册会计师这一行有趣的地方之一。

在进一步阅读之前，让我们先来了解一下“四大”的具体情况。

我们今天所说的国际四大会计师事务所是指普华永道、毕马威、安永和德勤。其实，1992 年我国开始批准外资会计师事务所进入中国，并成立中外合作机构时，一共有六家外资所进入，它们是普华、永道、毕马威、安永、德勤和安达信。1998 年普华和永道合并，2002 年安然事件爆发，安达信退出审计业务，“六大”从此变为“四大”。

目前“四大”在中国的本土化机构分别为安永华明、毕马威华振、德勤华永和普华永道中天，它们在成功实现本土化的同时，也促进了中国内资所在专业体系搭建、风险管理、信息管控等方面的成熟和发展。

能进入“四大”工作当然好，但更多的会计师服务于内资所。那么，内资所又有哪些特点呢？

内资：人才培养机制有利于新人发展

· 王首一

“四大”的行业细分颗粒度较高，这不仅体现在横向的行业细分上，也体现在纵向的科目分工上。据我所知，新人进入“四大”后，一般会扎根在某个行业的某一类科目上，比如能源行业的货币资金审计，或者互联网行业的固定资产盘点等。这样的分工对个人某一方面的经验积累非常有好处，对事务所来说，也是专业度的保证。

相比之下，**内资所没有那么细的行业划分，做什么业务主要取决于团队的业务类型，所以接触面相对宽一些。**比如我们团队的业务，有互联网的，有能源的，有传统生产型企业的，**而分配到每个人身上的具体科目也会根据项目进行调整，**不会把一个人固定在一个位置上。所以，与“四大”相比，内资所对于个人发展来说，有着不同的优势。

为了巩固内资所的这个优势，让新人更能感觉到在这里的成长，同时也为了发现人才、留住人才，我们想了不少办法。比如，我们的央企事业部便针对在事务所工作满两年的新人制定了“栋梁人才计划”。

工作两年是什么样的状态?

新人这时候对基础工作已经比较熟悉了,开始考虑未来自己还能在哪些方面提高和发展,在这个时期,如果面对的还是一如既往的基础工作,他们就比较容易迷失。那么,在这个时候挑选出其中比较优秀的人,让他获得更多的培训,接触到更多的业务,并且有机会跳级成长,对于有志于在这里长期发展的人来说,就会具有很大的吸引力。

经过选拔,现在我们央企事业部有 120 多个人进入这个计划,事务所每年都会对他们进行特殊培训,比如资本市场、人际沟通、组织发展等方面的培训;另外,他们还可以在自己的团队以外,经过双向选择,拥有一个合伙人导师,获得更直接、更高效的指导。事务所的管理岗位,如部门副经理、审计总监等,将优先从“栋梁人才计划”培养对象中选拔。此外,对于“栋梁人才”,事务所还提供最高达几十万元的借款,员工工作满一定年限后,可以免除还款。

我们希望一个人能够在这里提升更多方面的技能,能够长期发展,因为对于我们来说,除了项目的风险控制和业务拓展,人才培养,尤其是人才梯度建设,是一件更加重要和长远的事情。

与西方几百年的注册会计师发展史不同，我国注册会计师的历史不仅短暂，而且一路风雨飘摇。

1909 年，江苏常州青年谢霖从日本明治大学商科毕业。此时的大清帝国在经历了 1894 年甲午海战的重创后，已然摇摇欲坠，但经济发展的步伐不可逆转。十余年间，大清帝国资本 10 万元以上的工厂达到了 500 余家；大清银行、交通银行陆续成立，极大地改善了清政府对国库以及铁道、航运、邮政等领域的收支管理。在此背景下，原有的中式记账法越来越不能满足需求。年仅 24 岁的谢霖走马上任，担当大清银行和交通银行两行的总司账，开始对财务制度进行改革。

很快，谢霖就发现，只在银行和企业设立新的财务制度远远不够。北洋政府执政期间，涉外经济诉讼案件要由中外法官联合会审，而在实际审理中，国外注册会计师凭借完整的审计体系，在仲裁中掌握了压倒性的话语权，中国企业很难与国外公司平等对话。为了改变这一局面，1918 年 6 月，谢霖上书北洋政府农商、财政两部，建议设置中国注册会计师制度。

在农商部的授意下，谢霖起草了《会计师暂行章程》，并在北京设立了正则会计师事务所，这是我国第一家负责社会独立审计的会计师事务所。而谢霖本人也被授予第一号会计师证书，成为中国注册会计师第一人。

除了谢霖，民国时期的著名注册会计师还有徐永祚、潘序伦、奚玉书等人，他们分别创办的正明会计师事务所、立信会计师事务所和公信会计师事务所在当时处于行业领先地位。

1980年，为了吸引外资、改善投资环境，我国颁布了《中华人民共和国中外合资经营企业所得税法施行细则》和《关于成立会计顾问处的暂行规定》，注册会计师制度从此开始重建。经过40多年的努力，内资会计师事务所得到快速发展，其中有8家为人熟知，它们是：天职国际会计师事务所、天健会计师事务所、立信会计师事务所、中瑞岳华会计师事务所、信永中和会计师事务所、大信会计师事务所、致同会计师事务所和大华会计师事务所。

内资所近些年来发展迅速，也形成了自己的特色。除了人才培养机制较为灵活外，在团队协作方面，内资所和外资所也有一些差异。

差异：内资和外资的协作方式不同

· 冯亦佳

很多人认为，“四大”的注册会计师会长期深耕一个行业，做到极致专业，而对其他行业则接触较少。比如做金融行业审计的注册会计师只会接金融公司的项目，做生物制药企业审计的注册会计师一定不会接汽车制造企业的项目，等等。他们认为，“四大”的注册会计师会被长期固定在一个团队、一个行业中，没有太多机会横向发展。事实果真如此吗?

“四大”的管理机制和内资所有着巨大差异。“四大”更像是一个平台，大家共享所有的人力，谁都没有专属于自己的独立团队，合作是开放的。一个项目来了，合伙人向下的选择面很广，原则上，他可以挑选事务所里的任何人。与此同时，各级审计师向上的选择面也很广，无论希望和哪个经理、哪个合伙人一起工作，都是有机会安排的。在一名审计师进入一个项目后，因为分工的不同，他需要向某位经理或合伙人汇报，但等项目完成后，他们之间就没有了汇报关系。所以，在“四大”，大家的合作是多对多，非常灵活。

而在内资所，团队则相对固定。合伙人要全面考虑整个团队的“选、用、育、留”，招聘什么样的人才，如何培养，提拔谁，在哪个项目中启用谁，怎样让团队长期保持战斗力，等等。不仅合伙人的团队固定，每个经理也有自己固定的下属。因此，在内资所，汇报关系是稳定的。

这两种机制到底哪一个更好呢？其实它们各有利弊。

首先，两种机制对于注册会计师个人的成长各有利弊。

在内资所，新人在汇报关系上从属于某个合伙人团队，因此他接触的项目一定属于合伙人个人擅长的几个行业。通过不停地接触某一个或某几个行业的客户，不论是他的行业认知还是他的审计方法，都可以在一个体系中得到长期积累。但相应地，他与其他行业的接触就会受限。

而在“四大”，如果你想尝试新行业，只要相关项目的合伙人或者经理认可，你就可以加入。但在这种机制下，更多的情况是，当你面对选择和被选择时，“你在哪个行业经验最丰富”会成为你争取机会的筹码，也会成为别人选择你的理由。而如果你接触的项目比较多样，可能在别人看来，你就相对没有那么专业。所以，时间一长，你就容易被定位在某一两个行业中。

其次，两种机制对于团队协作来说各有利弊。

内资所的合伙人拥有稳定的团队，成员之间彼此熟悉，沟通成本很低，有比较强的信任关系，当大家在一个项目中出现分歧，甚至发生争论、说出一些激烈的言辞时，大家依然可以互信：你这样说一定不是为了自己，而是为了我们大家。

我们这个行业的底色是对万事万物都要持怀疑态度，这会深刻影响我们的说话方式和沟通方式。很多人说，做会计师的人不会说“人话”，每一句都是挑战式的。的确，我们非常习惯用问句沟通，对方说的每一句话，我们都会本能地先质疑，再刨根问底。这是注册会计师的工作性质要求我们养成的思维习惯和表达习惯。但这样的习惯放在团队中，就很容易引起不必要的误会甚至内耗。而内资所团队成员之间的互信关系会极大地降低沟通成本，提升团队的战斗力和工作效率。

相比之下，“四大”这种多对多、临时拉项目组的机制当然不利于成员之间的互信。如果一个人一年做 10 个项目，那么他在每个项目中都要面对全新的同事，都要开始重新了解，重新磨合。这相当于一个人一年跳 10 次槽、换 10 份工作，沟通成本当然会很高。

那么，“四大”为什么坚持采取这种看似损耗大、效率低的机制呢？

这是因为，注册会计师的天然使命要求我们恪守会计准则，独立判断。而合伙人对整个项目最终的独立判断其实是基于团队中每个成员的独立思考和独立判断。如果团队成员彼此熟悉，长期合作，就很容易形成集体性的思维导向，从而在判断上产生偏见。

首先，团队成员长期在一个合伙人建立的氛围中工作，接触的案例、工作方法高度趋同，容易在专业上形成盲区，当判断发生错误时，大家很难发现；其次，团队成员之间有坚实的互信基础，不再相互挑战，不再彼此质疑，即便有人意识到这个项目的方向错了，可能也不好意思指出来——大家要长期在一个团队里发展，何必闹得不愉快呢？

而在“四大”，团队成员不固定，一个人发现另一个人做得不对，可以很自然地指出来，不会有太多顾虑。这可能会导致彼此之间的关系有时候非常紧张，充满挑战，但正是这种相互挑战，避免了认知上的盲区和判断上的偏见。

所以，在“四大”工作，你要时刻把握一种平衡：一方面，大家在团队中一定会彼此挑战、相互质疑；另一方面，你也一定要明白，一个人不可能完成所有工作，项目要靠大家一起来做，人与人之间除了挑战，还应该协作。这种既质疑又合作的状态对于个人来讲，是有些拧巴甚至痛苦的，对于合伙人和经理的管理水平也提出了极高的要求，但对项目来说，这能在最大程度上确保一个好的结果。

所以说，两种机制各有优势，也各有弊端。在“四大”，你可能会更善于发现问题，独立思考，相应地，你需要补齐与他人协作的能力；而在内资所，长期在一个体系中成长，你需要不断提醒自己向外汲取经验，避免形成盲区和偏见。

◎自我成长

注册会计师是以乙方身份进驻企业的第三方机构，工作目的是审核企业真实的财务状况，这种特殊的身份决定了注册会计师要面对一系列错综复杂的局面。客户的不理解、怠慢，甚至故意隐瞒，都会给工作带来非常大的困难。新人专业度本就不高，该如何面对这些棘手问题呢？在日常工作中，又要注重哪些方面的提升呢？

学习成长的途径有哪些

· 王首一

在很多人眼里，会计师事务所只是注册会计师工作的地方，但在我看来，会计师事务所是一个特别好的继续教育机构。为什么这么说呢？

我们大多数人都是从学校一毕业就进入社会，角色转换很突然，很多人完全不知道什么叫职业，更不知道如何成为一个职业的人，学校也没有这方面的课程。而会计师事务所，特别是“四大”，会给新入职的注册会计师提供非常多的培训。

首先，会计师事务所会对注册会计师进行严格的专业训练。比如事务所会对财务报表制作中的每一个细节进行严格训练，注册会计师不仅要按规定使用财政部发布的会计准则上的准确名称，而且对表中上下数字的位置，各项小计、合计下面用什么样的实线、虚线等细节也要做到准确无误。这些细节的训练会帮助注册会计师养成严谨、专业的工作习惯，为未来二三十年的职业生涯打下基础。

其次，会计师事务所还会提供最新的会计、财务、税务规则的解读与培训，使注册会计师成为财务会计方面的专业人士。

最新颁布的各种会计规定、国际财务发展的新动态，事务所里都会有专人研究，然后在内部进行培训、讲解，使注册会计师及时掌握最新的规则和进展。而同样是和财务相关的企业财务人员，对会计前沿政策和方法的了解就相对少一些，更多的是忙于企业的具体业务。

除了培训专业知识和技能，**事务所还会对注册会计师的**

职业素养进行培训，小到怎么写邮件，怎么和客户沟通，大到团队管理等。就拿给客户写邮件来说，我通常会告诉团队成员这样一些要点：

第一，不管给客户写什么邮件，第一句话永远都要是感谢，然后再说具体的事。即使是面对对方的邮件回复，你也要找一个感谢的维度。比如，可以先说一句“谢谢你的回复”。

第二，尽可能避免出现会引起对方情绪波动的词，而是就事论事，永远带着解决问题的态度写邮件。什么叫“会引起对方情绪波动的词”呢？比如，“你要怎样怎样，给我什么什么”。这样很容易把对方放到对立面上。写邮件的时候要永远让对方感到大家是一个阵营的，多用“我们怎样怎样解决这个问题”这类措辞。比如，客户没有按时提供资料，你可以用“公司还没有提供……”的表述，而不是具体到对方这个“个人”身上。

第三，虽然写邮件是人和人之间的沟通，但从另一个角度看，我是代表会计师事务所的，对方是代表客户的，在一些实质性和原则性的问题上不能让步，比如会计准则的遵守、审计费用等，在邮件中谈及这类问题时，一定要表明立场，不能模糊不清。

除了事务所的系统培训及合伙人的分享之外，**会计师事务所其实还有另一套培训机制，那就是存在于各个项目之中、各层级注册会计师之间的师徒关系。**

通常，一个新人进入事务所三个月左右，就会在一个项目组中遇见比自己更没经验的实习生。这时候，他实际就担负起了一定的带人责任。他有义务告诉新人相关工作应该怎么做，一些信息应该去哪里找，去找谁问，以及怎么问，等等。当一个人在事务所工作到第二年，他在项目中就会更明确地承担起培养新人的责任，新人有不会的地方，他一定要负责解答；而到了经理层面，做每一个项目时，他都要不断告诉下面的人，应该避免什么，哪里可能会有问题，向客户要资料的时候对方不给怎么办……这种不成文的传承方式其实基于大家对项目的共同担当，只要进了一个项目组，就是协作关系，有经验的一方就有义务对没有经验的一方做出指导。

这样的口口相传在数字化时代之所以依然重要，原因很简单。算法能解决一般的专业问题，事务所与合伙人给到的培训针对的是专业知识和工作习惯，但人与人沟通的问题和判断问题是没办法用机器代替，也不可能一下子培训出来的，它们涉及的因素极其复杂，需要在一个个项目中，通过言传身教的方式传递。

事务所全面的培训机制，以及项目中的言传身教，给新人提供了事无巨细的培训，即使以后不做注册会计师，这样严格的训练，也会让你受益终身。

要养成哪些工作习惯

清单：避免手忙脚乱的好办法

· 冯亦佳

在每一个具体的会计科目中，审计准则、相关指引、审计教科书、注册会计师行业公众号，或者会计师事务所自己开发的审计程序样板，都会详细说明注册会计师需要完成的每一个程序。按照常理来讲，新人照着程序做就不会有什么大差错，但事实往往并非如此。

因为刚做审计不久，新人普遍对业务都不太熟练，事务又很庞杂，加上审计的时间非常紧张，常常忙了这件事，就忘了那件事，如果再遇到像固定资产这类流程和事项相对烦琐的科目，可能就会更加应接不暇。

怎么解决这个问题呢？一个比较好的办法是，**在审计某个具体科目时，提前列好一份待办事项清单，在审计的过程中，对照清单，完成一项，就打一个钩。**

以固定资产科目为例，待办事项清单主要包括以下内容：

（1）从客户那里获取一份固定资产列表，上面要体现审计年度内新增和减少的固定资产；

（2）拿这份固定资产列表和去年的工作底稿进行核对，看看上面固定资产的增加和减少是否准确；

（3）讨论一下客户的固定资产应该包括哪些，如果某一样没有，调查一下原因是什么；

（4）了解新增固定资产的原因是什么，并且抽查新增固定资产的原始凭证，比如发票、合同；

（5）对金额较大的、容易移动的固定资产以及新增的固定资产，要到现场做检查，确保其存在；

（6）选取样本，对固定资产采购执行供应商函证程序；

（7）了解减少固定资产的原因是什么，检查减少固定资产的原始凭证，确认清理固定资产的收入；

（8）对固定资产提取的折旧费和利润表进行核对，比较同行的类似资产折旧政策，检查折旧的计提是否合理；

（9）考虑固定资产是否需要做减值准备；

（10）考虑是否需要对供应商进行直接询价。

好记性不如烂笔头，只一项固定资产就有这么多事情要做，不列出来，出错的可能性就很大。列好待办事项清单之后，关于清单的内容和完成情况，还要和上级不断确认。这个确认包括：

事前确认——清单是否合适和完备；

事中更新——及时与上级同步完成了哪些事项，有没有遇到困难，商讨如何解决；

事后再确认——确认自己完成的结果是否合格。

千万别过于信任自己的大脑。清单的作用，在于把该做的事情一次性写清楚，随时对照，之后，“应该做哪些事情”这一问题就不必再占用任何脑容量，所有的精力都放在怎么做上。

新人在审计之前先列清单，既能节省精力，也能确保自己无重大遗漏。

落实：严格到位才能避免踩“坑”

· 冯亦佳

有人说，注册会计师的工作是世界上最简单的工作，因为所有流程和要求的相关原则都在审计准则及相关指引上写得明明白白，只要一步步按照程序走就行了。但也有人说，会计师的工作是世界上最难的工作，因为哪怕是规定得清清楚楚的程序，要执行到位也不容易——要么是审计准则和实际工作结合不起来，要么是执行中有隐藏的“坑”，根本想不到。

比如根据审计准则，还有一些监管指引，在获取银行对账单时，注册会计师要全程关注打印过程。有一次，注册会计师陈万一参加猫霸公司的审计，被派去外地获取猫霸公司的银行流水。他去之前，项目经理陈多金一再强调，开流水时不要受到外界干扰，一定要到银行的任意一个柜台，随机找一个柜员，确认对方的工号后，提出要求，将流水打印出来。但陈万一去了之后，银行的一位高级客户经理接待了他，说打印流水要提前预约，无法当场获取，因为知道注册会计师要来，他已经提前打印好了。陈万一看到这种情况，觉得虽然和项目经理交代的不符，但应该没什么问题，于是在既没有确认这位客户经理的身份，也没有确定资料来源的情况下，就轻易接受了资料。考虑到这一程序的重要性，陈多金一直关注着陈万一的进展，得知这一情况后，立刻让他回去重新打印流水，避免了事故的发生。

陈多金之所以这么做，一方面是因为陈万一的行为没有遵守审计准则及相关指引中“关注过程”的要求，另一方面则是出于防范风险的考虑。如果猫霸公司和银行里应外合，那么数据造假的可能性就非常大，而注册会计师很难辨别真假。

陈万一在审计固定资产这个科目时，首先要从猫霸公司那里获取一份固定资产列表，上面要体现审计年度内新增和减少的固定资产。猫霸公司按要求提供了相关资料，说是从自己的财务系统里导出来的，全部的固定资产都在上面。陈万一看到上面的价值总额是一亿元，和猫霸公司系统里记录的金额是一致的，似乎没有问题。其实，猫霸公司在清单上少列了某些固定资产，提高了所列项目的价格，这样总数也对得上。但少列的、有问题的那部分固定资产，却逃出了陈万一的审计范围。

再比如，按照审计准则和相关指引，对金额较大的、容易移动的固定资产，以及新增的固定资产，注册会计师要到现场检查，确保其存在。陈万一到了猫霸公司现场，看到设备确实存在，但他不知道的是，这些设备其实是猫霸公司从外面临时拉过来摆在那里做样子的；还有一种情况是，虽然设备在那里，但连电源都没插，根本没有使用。对于这样的设备，如果陈万一只是看一眼，而不去“检查”它的摆放位置、使用状况、管理标签等，是很难真正“确保其存在”的。

此外，根据审计准则及相关指引，注册会计师还要了解新增固定资产的原因是什么，并且抽查原始凭证，如发票、合同等。这里面可能存在的“坑”是，如果客户挪用了别处的一笔资金，对收入进行造假，那这笔资金必须有一个出口，而固定资产的采购经常就是那个出口。客户可能会故意提高固定资产的采购价格，列表上写着花 70 万元买了一批设备，但实际的价值是 50 万元；或者虚增采购数量，列表上写着买了 120 台机器，但厂房里却只有 100 台。这一系列操作从账面上是完全看不出来的，如果注册会计师不去查看原始发票、合同，就会造成重大失误。

其他科目也是如此，会存在各种各样规避准则的事项。注册会计师的任务就是利用自己的专业技能和经验，想方设法把这些“坑”一一识别出来。新人在缺少经验的情况下，如果发现自己按照规定做事却仍然被骗，那就请回过头来看一看，自己是不是一个字一个字地按照审计准则及相关指引去做了，是不是真的把规定事项逐一落实到位了。

注册会计师的工作有点儿像侦探，你要透过林林总总的信息，把财务报表中隐藏的“坑”一个个识别出来，从而发现企业真实的经营状况。这要求你必须拥有透过现象看本质的非凡本领，换句话说，就是不能被任何人、任何现象所“蒙骗”。怎么才能做到这一点呢？前面我们说“无怀疑，不审计”，那么哪些需要怀疑，哪些不需要怀疑？这就涉及注册会计师的一个核心素养：敏感度。不论是对人、对事，还是对数字，你都要打起精神，用一双敏感的眼睛去审视，善于打问号、挖问题。

底稿：清晰表达审计的过程与结果

· 冯亦佳

在审计工作中，注册会计师必须把自己做的审计程序和工作成果记录下来，形成工作底稿。复核人通过工作底稿，可以看到注册会计师做的工作是否符合审计准则及相关指引的要求，审计程序是否执行到位。

但是初级审计师总喜欢把大量的时间用在干活这件事情上，打电话、发函证、盘库存……就是不愿意在工作底稿上留下记录，或者做记录时走过场，甚至照着去年的工作底稿随便抄一抄。

出现这种现象，主要有两方面的原因：一是没有意识到记录的重要性，二是不知道工作底稿该如何写。

对于注册会计师来说，工作底稿至关重要。

首先，工作底稿能帮你做好个人的风险管理。如果你做了实际的审计工作，但是没有在工作底稿上做记录，这些工作就不会被承认。

其次，团队中的现场负责人、项目经理和项目合伙人的所有审核工作，都是基于工作底稿进行的。一份完善、得当的工作底稿，可以帮助他们判断审计程序到底做得怎么样，做到心中有数。同时也能让他们精准、快速地发现客户存在的一些问题，把控风险。如果工作底稿没有做扎实，后面的人很难发现问题。

比如，在做函证程序时，如果工作底稿上写清楚了是如何选取样本的，在发函和收函的过程中是如何控制全过程的，给哪些人打电话进行了查证，对差异是如何处理的，等等，经理和合伙人看到后，就会对函证这个程序比较放心。如果不做记录，这个程序的执行情况就是一个黑箱，经理和合伙人无法判断是执行到位了，还是打了折扣。

最后，对个人来说，工作底稿也是锻炼完整表达思维的好机会。底稿就是审计的输出，这种输出既要是真实的、完善的，又必须是简练的、清晰的，方便复核人很快看到全貌，找出问题。要做到这几点，新人需要想办法捋清自己的思路，并将审计的具体执行工作清晰、明确地落到工作底稿上。

还有一部分新人不写工作底稿，不是觉得底稿不重要，而是不知道该写什么，不该写什么。一个最简单的方法就是回到审计教材，按照上面的具体步骤对照检查自己的工作。

当然做底稿也是有窍门的，在这里，我有两句经验之谈送给新人：

第一句是，一定要去看看以前的底稿，一定要了解去年、前年的底稿逻辑；

第二句是，不要不加判断地相信以前的底稿在今年还适用。

这听上去挺矛盾，其实是注册会计师最重要的一个品质，也就是有自己的独立判断能力。以前的底稿不仅可以让注册会计师了解企业过去的经营状况，更重要的是让会计师看到以前的人是怎么做底稿的，逻辑是什么。但这并不等于说以前的人就一定是对的。是否能够按照以前的逻辑做，注册会计师得自己判断。

协作：发现“不对”喊出来

· 王峰

都说注册会计师应该有风险意识，但是新人才干了一两年，根本没经历过舞弊、造假的事情，即使再耳提面命，他们对风险还是很少能感知到，更别说发现风险了。

对于风险意识为零，甚至为负的新人来说，应该做的不是急于培养自己的风险意识，更好的应对方式是，如果发现有一点不对的情况，就立即在团队里“喊出来”，让大家都知道，而不是高估自己的能力，擅自做判断或者直接忽略。

你也许很奇怪，新人为什么要这么做？这其实是由审计分工协作的性质决定的。通常一个审计项目会有细致的分工，A 做现金科目的审计，B 做应收账款的审计，C 做收入科目的审计……这些科目相互关联，相互印证。比如，当记录一笔收入时，在应收账款和税这两个科目中往往也会有相应的变动。如果 A 在自己的科目上发现数据异常，立刻说出来的话，相关科目的人也许就会同步发现自己负责的科目存在的问题。

举个例子。在多年前的一次审计中，新同事陈万一被分配做猫霸公司货币资金科目的审计，他发现银行账户余额跟财务账面上的金额基本吻合，按照实际情况写货币资金的审计底稿即可。但他在审计过程中又发现，财务账上的明细记录和银行是有出入的，虽然这不影响他审计的科目，但他还是在工作组里跟大家说了这个现象。

审计成本科目的同事得知后马上有所警觉，仔细查看后，发现了很多已经付款但财务没记账的情况。稍有经验的人都知道，这种现象不应存在，通常企业都是先走支付流程，再让银行付款的。经过进一步调查，这位同事发现猫霸公司并未将已经支付的 500 万元采购款入财务账，而且从第三方融资的 500 万元借款也没有入财务账。也就是说，从猫霸出去的钱（经营性现金流）和进入猫霸的钱（筹资性现金流）都没有做记录，相当于经营性现金流虚增了 500 万元，筹资性现金流虚减了 500 万元。随后，整个审计组开始进一步深入调查，发现用 500 万元采购的物资并没有在财务账面上做采购入库，自然也就没有结转销售成本，这样又虚增了 500 万元的利润。对于全年利润只有几百万元的公司来说，这样直接就将原本的亏损变为盈利，显然涉及重大财务舞弊。

由此可见，**发现任何不对，第一时间在团队里“喊出来”非常重要**。作为新人，别担心喊多了同事嫌烦，**这种操作实际上是最有效的规避团队风险的方法。**

如何练就火眼金睛

警惕：开展工作前先对人进行识别

· 冯亦佳

识别财务报表中的“坑”，就是判断风险的过程，也是初级审计师最需要提升的部分。资深注册会计师是怎么做的呢？必须把这些坑一个个踩过才行吗？并不是，那样的话成本太高了。识别“坑”的方法有很多，其中最为重要的一个，就是先判断人。

很多优秀的注册会计师能一针见血地指出这里不对，那里肯定有问题，这在很大程度上来源于对人的判断——他们会通过一些事情，先对客户公司的人有一个基本判断，再将对人的判断延伸到对事情的判断上。

在审计过程中，有时候客户给注册会计师提供的资料会和实际情况不一致，比如猫霸公司有 120 台设备，购买的价格是每台 55 万元，但市面上通常的价格是每台 50 万元。猫霸公司对此的解释是这些设备质量特别好，或者是专门找人定制的。一部分初级审计师听到这样的解释，觉得合理，就接受了；一部分会追问一句，哪个部分是特制的，能否拿出参数来对比一下，如果猫霸公司拿不出来，这里面可能就有问题。

但初级审计师大多要么是将此类问题放过，要么停留在这个设备到底有什么问题及怎么处理这件事情上。而经验丰富的资深注册会计师，则会下意识地将提供这个信息的人列入不可信人员名单。他会进一步考虑这个人的职务和影响范围，这个人经手过哪些事项，这些事项都是要特别注意的。如果发现造假，注册会计师甚至还会去调查是不是老板授意的，如果老板有问题，那造假的范围可能会更大。

也就是说，**资深注册会计师会通过一件事来判断一个人，如果有问题，那么和这个人相关的所有事情都会引起他的高度关注。**这个方式看上去有点片面，但其实非常有效。识别出不可信的人，是资深注册会计师发现风险的一个重要突破口。

新人要在实践中逐渐掌握这种判断方式，而不是只想着把具体的事情弄明白，或者担心自己的经验不够，不敢怀疑。

常识：关注事情的合理性

· 孙含晖

新手注册会计师识别“坑”的方法，往往是紧盯着报表上的数字，看是不是对得上，却没有留意到，其实数字背后的常识、逻辑才更为关键。

我就犯过这样的错误。我做新人的时候，在一次审计过程中，经理让我去查客户名下一辆汽车的原始单据。我查了一下发票，是德国一家公司开给客户的，一辆大众的辉腾，价值 35 万元。我看了发票，也核对了客户的相关账目，觉得一切都对得上，没什么问题，就满意地回来向经理汇报了。经理一听就笑了，说：“我给你 35 万元，你给我买一辆辉腾回来。”

我这才意识到有问题，回去一查才知道，辉腾在当时是大众的顶级车，绝大多数部件都是手工打造的，而且是和宾利用的同一条生产线，绝不可能是 35 万元的价格。我又进一步想到，德国公司开的发票居然是用中文写的，单位也不是美元或马克，而是人民币；而且，作为进口轿车，我也没有看到海关关税支付或免税的任何记录。很显然，这辆车的发票是伪造的。

我从事审计工作的第二年，参加了对一家合资企业的审计，查完账目后发现没什么问题，觉得很顺利。但合伙人在把关时问了一个问题："你们有没有想过，他们的净利润为什么是40%，too good to be true（好得不像是真的）！现在哪个行业能有40%的净利润？"我恍然大悟，是哦，净利润这么高，没道理啊！于是又回去查证，才发现确实存在问题。

这些事情告诉我们，**注册会计师在查证数据的时候，不能只关注形式、手续上的完备性，还要充分调用自己的常识，多想一层，对事物的合理性保持一定的敏感度。**

怀疑：时刻保持对数字的敏感度

· 冯亦佳

注册会计师对人、对事的敏感度，最终都要落实到对企业经营状况的切实把握上，也就是做到对企业提交上来的报表"心里有数"。但这个"数"并不是指强大的运算能力和解题能力，而是说**注册会计师对于数字的合理性要有相当高的敏感度。**

什么是对数字的敏感度呢？举个例子。猫霸公司生产时用的主要原材料是钢材，2017 至 2018 年，猫霸公司的财务数据显示其利润攀升，公司解释说是因为原材料降价了。钢材这种常见的原材料在很多公司的审计中都会遇到，2017 至 2018 年钢材价格其实是一路攀升的，有经验的注册会计师一听就会发现猫霸公司的解释不对劲：为什么别人家的钢材价格都在涨，你家的反而下跌了呢？

再举一个例子。注册会计师陈万一在给某公司做现金监盘时，发现上一年公司的现金余额为 100 万元，而今年只有几万元，这巨大的差异让陈万一提高了警惕。于是他主动去找该公司的会计聊天，得知财务办公室曾经丢过手机，于是他追问，办公室这么不安全，现金放在办公室能放心吗？会计指指抽屉说，没事，现金都锁在这个抽屉里。陈万一扫了一眼，又接着问，抽屉这么小，去年的 100 万元放得下吗？会计马上说，有一部分是存在借记卡里的。拿到这个线索，陈万一做了进一步调查，发现这张借记卡是公司董事长爱人以个人名义开的。这种将公司资金转入个人账户的行为，涉嫌挪用公款或者职务侵占。

从以上两个例子可以看出，对数字的敏感度和我们通常所说的“数学好”没有多大关系，而是指注册会计师对数字合理性的洞察力。

怎样才能练就对数字的敏感度呢？有一个关键词：好奇心。也就是说，注册会计师在接到一个项目后，要有足够的好奇心，通过各种渠道先行了解客户所在行业的特质，了解客户自身的赚钱方式、行业口碑、舆情状况等各层面信息，平时也要非常注重从时事新闻、经济动态中不断更新各行业知识。

所以，如果想入这一行，想要加入“四大”，你可以不是财会专业，也可以没有出众的计算能力，但必须要有足够的好奇心和对数字的敏感度。

积累：敏感度的养成要靠量的积累

· 王峰

注册会计师需要对人、事以及数字的合理性有足够的敏感度，可一个刚入行的新人，财务报表都没看过几张，公司更是没去过几个，社会经验几乎为零，到哪里去找这种敏感度呢？

其实，敏感度要靠日常不断地积累。

怎么积累呢？我的一个方法就是多看财务报表。这里所说的财务报表不是单指资产负债表、利润表、现金流量表，而是指包括三张报表后面的附注[1]在内的整个财务报表体系。

我几乎每周都会找任意几家上市公司的财务报表来看，同时进行分析。而且我会随机选择行业，有做芯片的，有研究机器人的，有从事机械制造的，等等。财报上显示一家公司的收入是一亿元，而财报的附注会告诉你这一亿元收入到底是怎么组成的——有多少是销售商品得来的，有多少是提供劳务得到的。同时，一家公司的收入情况每年都是有变化的，对这些变化的数据做一些分析，就能对这家公司的经营状况有一个大致了解，对其背后的业务实质也会更加熟悉。比如财报上显示这家公司应收账款金额非常小，表面上看起来销售收款情况良好，但打开附注来看才发现，这家公司的大量应收账款都计提了坏账准备，实际上收款情况非常糟糕。如果不看附注，判断时就很有可能会被误导。

财报看得多了，分析得多了，你自然就会对各行各业有更多了解，知道每家公司的价值在哪里，通过什么建立市场，用怎样的模式盈利等。再看到类似企业，你马上就能联系起来。比如我看过很多房地产公司的财报，知道它们的毛利率通常在35%～45%，净利润在10%～15%。当再看到某家房

1. 报表附注是对财务报表的编制基础、编制原理和方法及主要项目等所做的解释和进一步说明，以便报表的使用者全面、正确地理解财务报表。

地产公司的财务报表写着毛利率达到 70% ~ 80% 的时候，我马上就会产生怀疑，从而获得一个进一步挖掘信息的线索。

对事物的敏感度就是需要这样一点点积累起来。分析了几百家公司近几年的财报后，你一定能在脑子里形成自己的知识体系，在此基础上再做判断就非常容易了。而且，一旦建立起这种能力，你的水平就会高出一般人很大一截。面对客户，你的心里会更有底；面对各种难题，甚至是刁难，你也会更有办法。

对于审计新人来说，在我看来，多看财报，逐渐形成对财报的感觉，远比看 CPA 的各种考试辅导书籍更实际。

客户不配合怎么办

决心：想尽一切办法获得资料

· 冯亦佳

也许你会认为，对审计新人来说，最难的一定是审计专业上的事情，这笔钱到底应该记在费用下面，还是记在无形资产下面，抽样做得是不是准确等。其实，专业技能可以通过不断学习和向周围人请教很快获得提升，对新人来说，更有挑战性的工作是和企业财务人员沟通，尤其是和在企业里做了很多年、经验丰富的老会计沟通。

初来乍到，新人通常会碰很多"钉子"。比如，向客户财务人员要资料，对方总是以各种理由拒绝——"我正忙着做账呢，这件事晚点再说吧""你要的这个我们找不到了""这个我们和对方有保密约定，给不了你"，等等。再比如，某个财务数据对不上，新人找客户的财务人员去问，可对方总是爱搭不理——"这个你们再算一算，我当时算出来的就是这个数，我手头上还一堆事儿呢""请你们来审计就是帮助解决这些事情的，你现在来问我，我也不知道啊"，等等。

面对客户财务人员的各种不配合，新人应该怎么办？直接灰溜溜地回去，跟上级说对方不给吗？肯定不行。那该怎么做呢？

首先，推动上级。对方之所以不配合，要么是觉得这件事不是自己的，毕竟财务人员的职责中并没有一项叫“配合注册会计师完成审计工作”，要么是觉得工作时间就那么多，这边帮了你，那边自己的工作就落下了。

这时，新人最好先和自己的上级进行确认。审计这件事，其实是审计负责人和客户负责人确认好一切之后，下面的人来执行而已。如果对方执行的人不配合，新人就要跟自己的领导沟通，问问领导是否已经和客户负责人协调好，执行的人是否已经明白应该配合的事项、配合的时间，以及不配合的后果。如果之前已经协调过，对方仍然不配合，新人就要及时推动领导和对方高层再次确认，并强调不提供资料可能造成的后果。最理想的状态，是让客户高层安排专人对接，并将配合审计作为近期的工作重点，而不是财务人员额外干活。从上到下推动，会有事半功倍的效果。新人最容易犯的错误是自己推不动，也不向上求助，最后把事情给耽误了。

作为新人，你还可以用一个办法，就是面带微笑，去向对方财务人员了解一下他真实的困难在哪儿，怎么做才能让他更好地协助自己。如果是时间不允许，新人可以帮他做向上管理，告知他的老板：我有一个审计工作需要财务老师配合，需要占用老师多长时间，大概有多少工作量，请你们内部协调一下。告知的方式最好是发邮件加打电话。这样既为对方的财务人员解决了没有时间的问题，也让老板知晓了他的工作量，他也就没有理由不配合审计了。

其次，搬出文件。如果第一步已经做了，对方还是以各种理由搪塞，新人就要拿出审计准则或者会计准则及相关指引，让对方知道，这些事情不是我要你做的，而是官方的要求。如果你的公司要按时完成年报或上市审计，你就需要提供这些资料或者协助我解决问题——审计是我们必须一起完成的事情，是“我们”共同的任务，而不只是“我”的任务。

当然，即便前两步都做了，客户的财务人员可能还是不配合。这时软磨硬泡就必不可少了。新人要谨记自己的目标，不管对方是态度不友好，还是藏着掖着不给，都得坚持用各种方法反复去要。新人也有自己的优势，没那么多负担，可以撒娇卖萌，甚至可以耍赖说，你要是不给我，我就天天跟着你，坐你旁边！总之，要想尽一切办法获得资料。因为所有的审计工作和之后的分析判断全部建立在相关财务资料的基础上，没有财务资料，再厉害的注册会计师也没办法进行审计。

立场：督促客户做自己该做的事

· 冯亦佳

初级审计师时常要做的一件事是检查总账的数和明细账的数是否对得上。比如固定资产科目里有一张表叫“固定资产变动表”，上面包含了不同类型固定资产的年初固定资产总额、这一年增加的固定资产总额、年底固定资产总额，以及固定资产的折旧。这些数据必须和记录固定资产明细的账对上。

很多初级审计师会一直卡在两边账目对不上这件事上。其实，对不上也不奇怪，可能是财务人员把数据写错了，也可能是财务人员后来做了更改。但关键是有些初级审计师在发现对不上的时候，依然拿着去年的底稿，自己努力猜测问题出在哪里，甚至还试图把账目重新做一遍，最终让账目对上。

这种做法其实是非常不可取的。**正确且高效的做法是和客户的财务人员沟通，**比如告诉他：“大猫会计，现在两边数据对不上，请你看看问题出在哪里了。”可能有的新人确实这样做了，但又被客户顶回来了：“我是客户，花钱请你来做审计，你怎么能把活儿推给我呢？”

其实，无论新人是自己想办法把数对上，还是被客户顶回来，本质上都是没搞清楚自己和客户之间的关系。为什么这么说?

第一,注册会计师是客户请来做审计的,也就是对客户的业务数据进行检查,看看是否符合会计准则的要求。当发现数对不上的时候,注册会计师有责任把这个情况告诉大猫会计,至于找出对不上的原因,则是大猫会计的工作。而代替大猫会计去工作,或者在大猫会计拒绝的时候替他找出问题,这都是不对的,都有可能动摇我们这一行的独立性原则。更进一步,假设注册会计师做了本该由客户做的事情,最后做错了,那责任由谁承担就真的说不清楚了。

第二,大猫会计是客户吗?大猫会计只是客户的一部分,是甲方工作人员之一。注册会计师应该是和甲方工作人员一起做好工作,达到甲方要求,而不是做好工作,满足甲方工作人员的需求。

所以,新人在做审计时,必须分清自己的角色和责任,该自己做的事情一定要做好,不该自己做的,就一定要督促对方完成,而不是替对方去做。

曾从事过多年审计工作的注册会计师孙含晖则认为,做些额外的工作并没有什么不好,因为审计毕竟是服务客户的工作,能帮到企业,也是有价值的。

协助：帮助客户发现问题

· 孙含晖

作为事务所的初级审计师，你会发现自己根本不像国家审计署那么有权威。你到了客户那里，约他谈话或咨询问题，人家如果正好业务忙，绝不可能立刻放下手上的活儿来配合你，反而会要你配合他的时间。而且，人家愿意配合就多回答两句，不愿意配合就少回答两句，你并没有权力命令他在限期之内把问题交代清楚，因为本质上你从事的还是服务行业。所以，如果客户给你的资料没那么清楚，要解决这个问题，你就得不断想办法，比如为客户出一些专业方面的建议。

我做新人时，有一次负责银行贷款的审计。这个事情原本非常简单，就是看看客户的银行贷款是否都有相应的合同，数字是否对得上。我跟客户财务人员要合同的时候，对方说，我们都把合同装订到会计凭证上了，你自己去翻吧。

客户一年的所有会计凭证都堆在那里，资料非常多。我没办法，只好自己挨个去翻。先从报表上查一笔贷款记录，再查记录的成交码，接着翻到相应的会计凭证，找到里面的合同，复印下来。最后，我还要逐一把贷款合同的细节，比如利率、期限、金额等抄下来进行归纳。整理完之后，我又发现贷款余额和报表上的数据对不上，一再问了客户财务，才知道有一笔贷款到期未还，这才导致出现了问题。

客户的财务工作做得非常不利落，为了最终完成审计任务，我又和客户一起把所有问题都捋清楚了。后来我找他们主管财务的科长汇报情况，他听完之后甚至说：“太好了！两年了都没有人帮我整理清楚，现在全明白了。”

做审计的时候，客户账目不清、不太配合是常有的事，做注册会计师的，不能坐等客户把问题解决完了再去审计。很多时候，注册会计师有必要帮助客户一起寻找问题及解决方案，给客户提一些有针对性的改进建议。通常这也是效率最高的方式，有助于客户的长期发展。

当然，新人一定要把多做事情、多花时间的情况反馈给上级，因为这会涉及审计费用的重新商讨。

◎审核科目

审核货币资金是流程化的简单工作吗

风险：凡事多想一步

· 冯亦佳

初级审计师一般在第一年都会被安排审计货币资金这个科目。所谓货币资金，简单来说，指的就是企业的银行存款和现金。

我们普遍认为，交给新人做的一定是相对容易的事情。就货币资金科目的审计来说，新人要按照流程，先看客户财务报表上的资金数额，比如说有3000万元，再看客户有多少个银行账户，手上有多少现金，然后与银行对账单上的余额进行核对，并逐一给银行发函证，确认客户银行存款数额。

这看起来好像没什么难度，但如果认为审计货币资金真的这么简单，那就大错特错了。其实，货币资金是一个风险极高、审计难度极大的会计科目，是整个财务报表风险收口的地方，在这里最容易发现问题，新人需要打起十二分的精神来应对。

审计货币资金时，新人要清楚地意识到它的风险性，面对任何细节，都要多想一步。比如，A 企业的存款和银行的记录虽然都对得上，但是存款的数额较大，那就要查证一下企业在资金使用上是否有问题。再比如，B 企业有大额提现和存现，那就要关注一下背后是否有合理的业务在支持。

新人要充分认识到，货币资金的审计是一项高难度工作，并不是自己能完全搞定的，要主动请上级及时复核。那么，货币资金的审计究竟要注意哪些方面呢？

首先，要验证交易对象是否为关联账户。虽然我们的银行系统非常发达，但是并没有一个系统能告诉你客户和其关联方的账户有哪些。为什么特别提到关联方账户呢？简单来说，和企业有“亲戚关系”的公司，比如同一个股东投资的不同公司，就相对容易互相配合造假。对手在暗处，而会计师在明处，没有办法穷尽所有交易对手的属性。也就是说，如果客户在某些地方藏了一大笔钱，却没体现在财务报表里，或者有些钱表面在账上，实际已经不在了，注册会计师是有可能查不到的。

这就是为什么不能只看银行流水，还要追踪流水背后的交易和交易对手，因为但凡有交易，就会存在和交易对手一起舞弊或造假的可能。

其次，要确认交易真实存在。注册会计师可以借助我国非常强大的增值税发票系统——金税系统，来实现这一目标。开增值税发票时，金税系统会详细记录开票人、收票人、交易性质、交易数量等信息，还会要求企业上传合同等详细资料，这大大提高了企业财务造假的难度和成本。所以，看客户银行流水和金税系统导出的交易清单是否对得上，是一个有效追踪客户交易真实性的方式。二者能对上的，可信度就高；对不上的，就需要进一步核查。

如果银行流水和金税系统都对上了，是不是就代表没什么问题了？也不是。因为有些企业为了达到某些目的，不惜成本造假。也就是说，金税系统中那些齐备的材料也可能是假的，是企业的某些利益关联方，比如企业负责人的其他公司配合做的。为了避免这种情况，注册会计师还有必要依靠“企查查”“天眼查”等专业信用查询系统，看看企业有哪些关联公司，企业负责人还控制着哪些公司，进一步判断有没有关联交易，排除外部合谋造假的可能性。

比如一家公司的主要业务是将产品卖给经销商，可会计师通过“企查查”发现，有 10 家经销商都姓熊，公司的财务、出纳是老板的亲戚，也都姓熊，这种偶然巧合是否存在一定的必然性，就需要提高警惕了。

还有很多问题更加隐蔽，比如企业老板家的保姆名下挂了一家公司，老板通过隐形控制运作资金的进出，这种情况就很难查出来。该怎么办呢？

这就要靠其他的会计科目来佐证了。比如，企业银行流水里显示有一笔钱流出，注册会计师通过金税系统也找到了这笔钱的对应交易是原材料采购，通过企业信用查询软件，也没发现是关联交易，理应没什么问题。但是，再看存货这个科目时，问题就来了，存货中根本没有记录这笔材料进出，也没有相应的物流配送信息，更重要的是，企业的仓库根本就放不下这样一批原材料。那这大概率就是造假了。

核对货币资金这个工作看似简单，其实是一个系统工程，需要注册会计师一环套一环地去核查。新人在这个阶段要尽自己所能去查，尽量去发现可疑的地方；更重要的是，新人要意识到自己经验不足，及时请自己的上级来复核。

2020年下半年，德国最大的金融科技公司Wirecard被曝大规模财务造假。这家为企业提供网络支付服务、被称作“欧洲支付宝”的公司随后宣布破产。

在这起案件中，除了不断被曝光的造假细节吸引公众眼球外，注册会计师审计的公正性也是媒体热议的话题。

安永德国会计师事务所从2009年开始负责Wirecard公

司的审计业务。2015年，英国《金融时报》对Wirecard的财务状况提出质疑，并多次实地采访了这家公司的亚洲分部，连续发表对其关联交易、挪用资金等情况的报道。新加坡警方也对其分公司进行过搜查。但是，这都没能影响Wirecard公司业务的迅速扩张，安永德国的审计也显示一切正常。2019年，在投资者的要求下，毕马威德国会计师事务所加入Wirecard公司的审计业务。2020年4月，毕马威德国声称事务所无法对一笔10亿欧元的收购支付进行确认。6月，慕尼黑警方正式对Wirecard展开调查。同月，安永德国披露Wirecard无法提供19亿欧元的存款凭证。

19亿欧元究竟去了哪里？问题的答案与菲律宾的两家银行——金融银行、群岛银行存在着密切关系，因为Wirecard曾表示将不少存款存入了这两家银行。但两家银行很快声明，Wirecard根本不是它们的客户，其存款凭证全是假的。

一石激起千层浪，这一事件让整个德国金融界为之震动。不仅安永德国被举报，德国审计监管机构Apas和联邦金融监管局的负责人也相继因为利用职务之便炒卖Wirecard股票而被解雇，还有很多其他官员也被怀疑曾经参与其中。与此同时，Wirecard公司在亚洲、东欧等地的业务造假也被陆续曝光。这一案件牵扯机构之多，涉及官员之众，分布国家之广，堪称罕见。

这起震惊世界的财务造假案件，之所以在长达6年的时间中都没有得到证实，正是因为货币资金报表和相关原始凭证之间的对应关系没有得到足够重视，虚假凭证也没有被会计师第一时间识别。而当货币资金的审核有所突破时，这个严密的大规模造假系统就浮出了水面。正如毕马威华振会计师事务所合伙人冯亦佳所说，货币资金的审核，是整个财务报表风险收口的地方。

那么，一名新手注册会计师如何才能在审核货币资金时发现其中的蹊跷呢？

细节：通过蛛丝马迹发现漏洞

· 王首一

可能有的人觉得，审计这个工作有点像侦探探案，这么说也对，因为注册会计师确实需要在细节中发现问题，需要非常敏锐。就拿查看货币资金的原始文件来说，注册会计师要特别关注那些不易察觉的细节，比如这么一沓文件中，怎么就这一页折过？为什么那一页右上角有个小星星？这个对钩什么意思？这儿怎么又有个三角形？这些细节，往往就是最好的路标，说明客户重点关注过这里，说明这里可能有异常。

比如一个集团内部，A 公司想把产品卖给 Z 公司，A 可以冲下业绩，Z 能执行预算。但是这样做，集团内部一抵销，没法算业绩。那怎么办？A 公司先把产品卖给集团外部的 B 公司，B 卖给 C，C 卖给 D，最后 D 再把产品卖给 Z。这样一来，A 提升了业绩，Z 也执行了预算，而中间的一系列交易虽然凭证齐全，但其实并不存在。

再比如，审计开始了，注册会计师陈万一在一堆原始合同中发现一份合同右上角有一个小星星，翻出来一看，正是 A 把产品卖给 B 的合同。陈万一很快发现了其中的猫腻。怎么回事呢？通常情况下，卖方发货都是送货上门，那合同上肯定会写收货地址。而 A 为了尽可能掩盖 B 的信息，把交易合同的收货方式改成了货物自提，这样就不用写 B 的地址了，高明吧？这个小星星也许就是当时改合同的那个人做的标记。但是，“不怕神一样的对手，就怕猪一样的队友”。再往下看，陈万一发现，虽然合同规定了 B 公司需要自提货物，但是合同中却有送货上门的责任条款，即如果因为运输原因导致货物损失，A 应该承担相应的责任。这就不合理了，既然是 B 自提，A 怎么还要承担 B 拿到货以后的运输责任呢？这种前后矛盾的合同，多半是假的。就这样，一次虚假交易浮出了水面。

所以，造假总会露马脚，就看注册会计师能不能看出来，

这考验的是注册会计师的敏感度、责任心、推理能力，以及职业操守。

也许你认为审核货币资金难度不小，发现虚假凭证也颇费脑筋。但很多注册会计师认为，存货监盘才是更困难的一项。存货，实实在在的货品摆在仓库，肉眼可见，数量可数，不像货币资金或者费用那样只有一些文件做凭证，怎么反而审核起来更困难呢？

2014 年 10 月，大连的上市公司獐子岛发布公告称，由于受几十年一遇的异常冷水团影响，100 多万亩即将进入收获期的扇贝绝收。公司业绩受此影响“大变脸”，由预计盈利变为亏损约 8 亿元。

2018 年 2 月，獐子岛又发布公告称，公司的扇贝存货数量发生异常，导致公司 2017 年净利润为 −6.7 亿元。2019 年，獐子岛再次发生了扇贝死亡绝收事件，导致公司股价一度跌停。

獐子岛的扇贝先后三次“出走”，引起了证监会的高度关注。调查期间，审计人员遇到的最大难题就是存货监盘。海底库存及采捕情况难发现、难调查、难核实，獐子岛公司正是利用这一点出具虚假财务报告，夸大亏损幅度，损害投资人利益。在对獐子岛事件进行调查的 17 个月中，有关部门甚至动用了北斗卫星系统，才核查出獐子岛真实的海底库存和捕采情况。

这个例子说明，存货监盘并不像我们想象的那样简单，有时候需要调动许多资源。正是由于这个特点，新人如果遇到类似情况，千万不要试图一个人解决，或是让客户牵着鼻子走，随便告诉你一个数就写上了。新人要做的是及时向上级汇报，争取更多资源来查验真实的存货情况。

如果说獐子岛事件是一个比较极端的案例，那么在一般的存货监盘中，注册会计师又该注意些什么呢？

为什么要有一双侦探的眼睛

· 冯亦佳

盘点实物的工作通常都临近新年，注册会计师这个时候会觉得格外辛苦，心情也比较急迫。而且，盘点的东西五花八门，煤、钢材、油、书、黄金、手表、白菜、猪……每一样都有各自的门道。

审计大部分时候只能看到客户的财务数据，存货监盘是为数不多的能看到其实际生产现场的机会，可以接触到最直接的证据。因此，在监盘时，除了把存货种类和数量核对清楚外，更要有一双敏锐的眼睛，凡事在脑海中多打几个问号，同时，还要特别注意两件事情。

首先，存货监盘和其他审计工作的一个明显不同之处是，客户盘点及注册会计师监盘的时效性都非常强。为了配合盘点，客户正常的货物进出必须停下来，这就等于牺牲了客户生产经营的时间；盘点完成后，客户会立刻恢复货物的正常运转。所以，对存货监盘来说，最重要的是有什么问题必须当场沟通解决，不能留到事后，否则根本无法弥补，或者弥补的成本非常高。

注册会计师在监盘时如果发现某批存货数量不对，当场就应该重新清点一遍，或者和自己的上级取得联系，商量怎么办。如果留到客户恢复正常运营之后才处理，这批存货的数量就再也弄不清楚了。存货监盘最终出问题的，多数是由于新人发现不对，却没有当场及时解决。

其次，新人一定要知道，有些状况十分复杂，不是自己能轻易判断、决策的。虽然现场负责人和项目经理可能都不在现场，但这并不意味着新人要全权负责。在存货监盘中，新人的责任只是执行，遇到任何异常情况，都要立刻向现场负责人和项目经理汇报。当然，新人最清楚现场的情况，汇报时也要表达自己的观点，提供自己的建议。

比如，盘点时客户仓库货物的进出没有停下来，还在照常进行，新人发现了这个情况，却不跟上级沟通，继续进行监盘，这样即使盘完也没什么价值，等于做了无用功。

再比如，盘点之前，项目经理会和新人明确哪些东西必须拆箱检查，但在实际工作中，客户就是不让看；或者盘点清单上记录的东西在仓库里没找到，客户说可能记错了，换一个盘吧。遇到这些问题，新人不跟上级沟通，在没搞清楚原因的情况下直接自己就做了调整，就会导致可能存在问题的库存没有被查验。

如果盘点时客户比较配合，该查的都查了，新人也不要以为工作就完成了，而是要多观察，看看现场是否有和客户运营情况不符的现象。比如一家面粉厂，仓库里却堆放着很多钢材；食品行业的客户，仓库里很多货物却没有标注生产日期和保质期。这些都要仔细记录下来，提示上级和合伙人关注可能的风险。

新人要非常清楚地意识到，自己的角色就是执行者，当天发现的问题及盘点结果，都要第一时间和上级沟通，以便发挥好“眼睛”的作用，使复核人员可以及时处理问题，让只能看到数字的合伙人透过你的眼睛看到客户现场的真实状态，帮助合伙人对整体审计风险做出判定。

盘点固定资产有哪些方法

抽样：盘点固定资产的有效办法

· 冯亦佳

固定资产是指和生产经营活动有关的设备、器具、工具，包括房屋、机器机械、运输工具等。盘点固定资产时，新人可能遇到的第一个难题是客户不配合。比如，陈万一被分配到猫霸公司的汽车配件厂盘点固定资产，汽配厂主要的固定资产是模具，而且模具的数量成千上万，价格也从几十万元到几百万元都有，盘点起来非常困难。汽车配件厂的人告诉陈万一："我们的模具数量太多、太复杂了，我们盘了三年也没盘清楚，你们就别白费时间来盘点了。"

事实真是这样吗？当然不是。因为按照正常逻辑，公司老板都会把自己的资产弄得清清楚楚，不可能连自己有多少家底都不知道。所以，复杂、不好盘是真的，但盘不了是不可能的。

那陈万一该怎么应对呢？直接说不行，必须盘？这样的话，双方可能就僵在那儿了，审计程序很难推进下去。陈万一可以反过来问问汽车配件厂的人，你是怎么看待这些固定资产的价值的？平时你们又是如何管理这些固定资产的？

这样就可以避免在注册会计师和客户之间制造冲突，间接通过复核客户固定资产的管理来发现这个科目可能存在的问题。

如果汽车配件厂的人索性承认了自己没有管理，陈万一也发现管理确实很乱，那至少证明他没有骗陈万一，接下来，陈万一就可以和他讨论一下改进的方法，如果要下很大力气改进，就需要跟猫霸的人聊聊增加审计费用的事情了。如果他嘴上说盘不了，实际上对固定资产的管理却没什么问题，那陈万一就要打起十二分的精神，看看这里面存在什么问题了。

另外一种情况是，客户对注册会计师的工作十分配合，但是固定资产数额确实比较大，注册会计师无法在短时间内做详尽的盘点，那该怎么办呢？

比如客户的固定资产总额有 10 亿元，我们可以逐项检查固定资产的数量，确定金额，打电话给供应商询价，逐个核对企业对固定资产提出的折旧，还可以针对客户采购固定资产的流程进行测试，看看是否合理。但这么做下来，光这一个科目可能半年时间就过去了，而审计期限通常只有三四个月，所以，注册会计师必须在防控风险的同时提升效率。

通常情况下，注册会计师并不会对企业所有的固定资产全部进行盘点，而是进行抽样测试。抽样应该抽多少呢？**可以利用一些抽样软件来计算抽样量，也可以根据特别的风险选取一些特定样本，**比如金额特别大的新增设备。但是，抽样软件的使用并不简单。

新人在这方面通常会缺乏判断能力，要么做得太多，要么做得不够。

第一是做得太多。比如，抽样软件计算后，说要抽 500 个样本来审计，这是一个相当大的量。但很多初级会计师想都不想，也不跟上级沟通，觉得做得越多就越安心，真的就抽了 500 个样本逐个做审计。因为量太大，一个个做下去，自己做疲了，却根本发现不了什么问题。

事实上，当样本抽到 100 个以上之后，它的边际效应是递减的。所以，当抽样软件给出一个很大的样本数量时，新人不能不假思索地遵照执行，这样会白白浪费很多时间。

第二是做得不够。比如，抽样软件计算后，说要抽 50 个样本来做，初级审计师先抽了 40 个做审计，发现都很正常，于是就认为后面的大概率也不会有什么问题，剩下 10 个样本的审计根本就没有做。审计理论里有一条，叫作“不能在样本里再抽样”，这是原则。没有按照既定的50个样本去抽样，最终的结果是审计风险增加，这就叫“未勤勉尽责”。

做得不够，其实是审计程序没有做到位。审计是一项需要严格遵照程序来执行的工作，如果每个人都按照自己的判断在程序的执行上打折扣，不仅最终的审计质量没法得到保证，也会给注册会计师自己、事务所乃至客户都埋下很大的风险隐患。

抽样是个非常高级的技术活，需要对项目有整体的判断。像我的团队，会对所有需要抽样的项目做一个汇总，进行集体评估。尤其是样本总数超过100这样一个临界值时，就需要先判断为什么要在这个样本群里抽样，然后再判断是否要做这么多。很明显，判断抽样样本量的工作，不是新人可以独自完成的。

盘点固定资产时，你可能遇到的另一个“坑”是，因为某种原因，你即使能够亲眼看到固定资产，也难以核实情况，这就更需要注册会计师动用智慧，“曲线救国”了。

评估：运用多种方式综合印证

· 王首一

盘点固定资产最关键的是要注意一些细节，比如去一个厂房，机器是不是真实存在，数量是不是对得上，这些是一定要看的。但这就够了吗？当然远远不够。

注册会计师的职责是评估企业真实的经营状况，设备光摆在那里是不行的。它是不是能正常运转，保养得怎么样，厂房里是不是通电了，是不是有人定期检修，是不是落了很厚的灰、已经快不能用了，这些才是判断固定资产是否减值的因素。

另外，一定要和企业的一线员工充分接触，多聊天，而不是你好我好就完了。

比如，前几年我们有一个并购审计项目，审计一个煤矿，它的固定资产，比如挖掘、钻探、提运和风力设备等，大部分都在地下。我们下去后，对地形非常不熟悉，加上对方没有提供明确的示意图，所以对什么机器应该放在哪儿，有多少台，干什么用，是不是在正常运转，其实是看不太明白的。

企业一直说自己在正常生产，正常运转，我们去那几天，企业也确实在正常生产，我们找不出什么破绽说人家不正常，于是我就去和企业的财务聊天。我说你们生活很滋润啊，结果对方说，我们哪里滋润啊，还得来上班，那些工人才滋润呢，一年没干活了。难道正在生产的景象是企业演给我们看的？有了这个提示，我们通过核查企业的设备维修记录、设备原始购买凭证等，发现这家煤矿的设备已经非常陈旧，并不具备财务报表所反映的生产能力，而且维修不力，固定资产已经严重减值。

再比如，在另一次并购审计中，企业自己说一年能挣一亿元，按照这个利润，它必然需要频繁送货拉货，不管是原材料，还是产品。那么，一天大概得出多少车，我们就能算出来了。固定资产报表上车的数量是没什么问题的，但这些车是不是真的在拉货，每天走多少辆，我们是不知道的。

怎么办呢？我们就在企业对面的门店里暗中蹲点，一辆一辆去数，看到底一天能过多少车。我们很快就发现，这个厂一天也走不了一辆车，根本没有他们说的那么大量。

但是光有这个发现还不够，企业可以说我们现在是淡季，其他时候不是这样。于是，我们就对企业说，要查看一年来入库车辆的车号，结果就发现问题了：一是这些车都是连号的，二是同一个时段一个车号既出现在了 A 车间，又出现在了 B 车间。这样一来，不但企业的产量存在虚报现象，固定资产情况其实也不真实。

所以，固定资产虽然貌似看得见摸得着，但其实里面的问题很多，需要多方综合印证。

审核费用时要关注哪些问题

协作：避免重复劳动

· 冯亦佳

销售费用和管理费用这两个科目是一年来企业向外花钱的记录，通常都是交给新人来审计的。据我观察，大部分新人会先查去年的底稿，看看当时是怎么做的，然后再拿去年的数据和今年的数据做个对比，找出变动比较大的地方，分析其中的原因。比如，小 A 通过对比发现，管理费用中的人员工资比去年涨了 78%。他觉得这个变动太大了，明显有异常，就开始收集各种资料，努力分析其中的原因。

但这样做，其实非常有可能和团队里的其他人做重复劳动。因为在销售费用和管理费用这两个大科目下，还有很多子科目。比如销售费用包含了折旧费、摊销费、销售佣金、运费、人工费、促销费、样品费等，而管理费用包含了折旧费、摊销费、工资、差旅费、房租、物业费等。这些子科目可能会和团队中其他人审的科目有交集，比如管理费用中的工资就可能跟其他负债科目中的应付职工薪酬有重合，固定资产、存货科目中的折旧费、摊销费等，也可能和管理费用中的具体内容有联系。

所以，新人审计费用的正确做法，应该是先明确工作范围，也就是这两个科目下面都有哪些子科目，然后去和同事确认，重合或有联系的部分由谁来做。如果是同事做，新人自己就不用再重复做了，只需要保证自己这边的数据能和同事的相互印证。

某次并购审计中，陈万一在查看企业的管理费用明细时，发现有两笔各5万多元的起重机修理费。按照审计流程，陈万一调来发票凭证进行核对，发现都是正规发票，貌似没什么大问题。但是再仔细看，他突然发现，两张发票虽然入账间隔大约半年，但发票号码竟然是相连的，这就太奇怪了。他初步判断，这两笔维修费用的真实性一定有问题。

费用审核是审计的基础工作，其中的具体项目繁多而琐碎，比如广告费、招待费、维修费、律师费、会计费、销售费，等等，新人很容易就会被浩如烟海的报表淹没，而接下来要讲的这个案例告诉我们，费用审核的关键，其实在报表之外。

方向：真相藏在报表之外

· 冯亦佳

费用科目是企业的销售和管理费用，我们很少能在其中发现惊天动地的隐藏和错报，但是，这个科目的审计情况，能辅助注册会计师判断管理层的诚信度、客户的内部控制有效性等，进而预判客户整体的风险程度。比如客户的管理费中有律师费、调解费，注册会计师就应该给自己提个醒，客户为什么会产生律师费？是曾经有什么纠纷发生吗？客户还有什么潜在风险没有和我们交代？

审计这类费用时，新人更应该多做一步。

比如新人陈万一发现管理费用里有一项律师咨询费，他因此核验了律师合同，确认费用本身的真实性没什么问题，就是客户请律师对公司安全生产方面的问题做了一个认定。但是，这时陈万一应该多做的一步，是核查律师所做的报告原文，看看律师是怎么说的。因为现在可能只是一个认定，但能带来什么后续影响并不确定。如果客户的安全生产工作不符合相关部门规定，一旦出问题，是很有可能影响企业持续经营的，或者会受到有关部门的巨额罚款，这无疑会给企业的正常经营和现金流带来重大影响。

再比如，陈万一发现费用科目里有一些由于律师协调纠纷而产生的费用，主要是公司违反合同约定造成的，费用本身的真实性没有什么问题。但是，纠纷虽然解决了，里面却可能隐藏着违约后的赔偿以及赔偿金额大小的问题。这时，陈万一应该多做的一步，是核查相关合同里是否规定了相应的违约赔偿。

当然，新人工作经验少，可能很难有这样的职业敏感度，也感受不到哪些事项对判断客户的经营风险有价值。但是，即使感受不到，新人遇到这类费用时，也应该在底稿中做好详细的记录，让更高级别的注册会计师去做判断。新人也可以及时和上级沟通，请上级视情况来决定是否采取进一步行动。

在没有发现费用变动异常的时候，尚且要多做一步，如果发现了明显的费用变动，新人又该如何应对呢？

在这种情况下，新人一般会拼命研究费用变动的原因，然后写上一大篇分析。比如陈万一发现今年和去年同期相比，客户的差旅费增加了80%，就去找客户财务人员询问原因。但财务人员主要是负责记录和做账的，差旅费是业务人员花的，为什么增加，财务人员也未必清楚，而找业务人员挨个询问也不现实。这就导致陈万一花了大量时间，却迟迟找不出费用异常的原因，做不完这个科目的审计。

有时候，不是新人不努力，而是他在错误的方向上走得太远。新人审计费用科目，重点一直都不是分析变动。对于基本没有业务经验和社会经验的新人来说，花大量时间做的分析能有多大价值呢？而且，建立在没有原始凭证予以验证上的分析，准确性又有多高呢？所以，新人做出来的分析，常常只是一些事实描述，毫无意义，最终也根本无法作为审计的证据使用。

那么，新人究竟应该重点关注哪些问题呢？

我认为，**新人应该把重点放在原始交易文件的查验上。**具体来说，在确定好审计的具体费用内容后，新人的第一个动作应该是思考如何去做抽样，以此来验证费用是否真实存在和发生。举个例子。在和同事沟通之后，陈万一确定了自己要审计销售费用和管理费用下面的招待费、广告费、会议费等 6 项费用。一年下来，客户的这些费用一共有 1000 项，通过抽样软件的计算，陈万一应该从这 1000 项里面选择 20 个样本来做抽查，逐项查看费用背后的原始交易文件，如合同、发票、付款依据等，确定这些费用是否真实发生。这个动作就是抽凭。

在抽凭的同时，还有一个非常重要的动作，也是新人常常想不到的——**关注特定行业的高风险费用。**比如这次审计的是医疗行业的客户，就应该先去网上查查医疗行业在费用方面有哪些高风险的地方是值得注意的，先给自己做一个风险提示。

同时，广告费、业务招待费、会议费都是必须关注的高风险费用，那么新人在抽凭的时候，就应该着重查看这些费用是否有足够的支撑凭证。如果真的开过会，会议照片、定的哪个场地、能实际容纳的人数等这些细节都应该有记录，注册会计师都应该去调查核实一下，以便通过这些细节最终确认这些费用是真实发生的，还是用虚假交易来掩盖某些人的其他消费。

在费用中，因为服务而支出的所有项目相对风险都会大一些，需要特别关注。

总结一下，对于费用类的科目，你应该这样审计：

（1）明确自己的工作范围，销售费用和管理费用中的细项是否与其他同事重合，重合的部分确认由谁来做，最后进行交叉验证；

（2）使用公司的抽样软件确定自己的抽凭样本，并查看样本相关的原始文件，如发票、合同、照片等，确认交易是否真实存在且信息属实；

（3）如发现与去年费用相比发生明显变化的地方，更要查验原始文件，对隐藏的风险点做详细记录；

（4）关注高风险事项，比如招待费、会议费等因服务而支出的费用；

（5）关注公司是不是将应当记录的费用都做账了，是否存在一些表外事项，比如股东帮公司代发奖金，比如举行了几千人的促销会，却约定会议筹办费用12个月后分期付款。

发送函证时会遇到哪些问题

警惕：及时发现客户的“套路”

· 冯亦佳

货币资金、应收账款、存货等科目的审计，都可能涉及函证程序。函证程序简单来说，就是注册会计师向第三方发函，确认客户相关账目的真实性和准确性。比如客户账上显示银行存款有 100 万元，那注册会计师就需要发函向银行确认，是不是真有这些钱；再比如客户账上记录了甲企业欠其 50 万元货款，那注册会计师就要给甲企业发函确认，是否有应付的货款，以及金额是多少。

函证程序一般都由新人负责，主要流程就是写清楚需要确认的内容后发给确认方，后续及时催对方回函，回函后进行验证，如果发现差异就要进一步跟进。这件事听起来挺简单的，不就是发信和收信，然后与报表进行核对吗？但实际上，其中需要注意的细节特别多，新人稍不留神，就可能会被客户“套路”。

那么，如何避免在函证程序中被客户“套路”呢？

首先，在一般的审计程序中，注册会计师并不需要对所有应发函证的交易逐一发函确认，而是先做一个抽样。比如客户的应收账款有 1 亿元，对应着 100 个交易方，那么通过抽样，选取其中的 20 个发送函证，这样既保证了审计效率，又防止了客户有计划地做一些“安排”。

其次，注册会计师要高度关注每一个函证的收件信息，函证应该发给谁，如何获得对方的地址，地址是否准确等。这里要特别提醒的是，不能直接按照客户提供的地址和人名把函证寄出去，因为要保证函证的效力，就要防止客户和其他人串通起来作假。注册会计师要想办法验证地址是否为确认方的真实地址，并且找到确认方的财务部或办公室的具体负责人，确保收件人不是客户安排好的。

为什么要如此注意这些细节呢？因为函证是注册会计师唯一能够从第三方那里取得的有价值的直接证据。其他的审计证据，如原始合同、发票、固定资产清单等，都是客户提供的，都存在被客户操控的风险。所以，注册会计师必须严密控制，不能让客户或其他人染指函证程序中的任何一个环节。

比如猫霸公司提供的函证收件人地址是“金科路 26 号”，注册会计师陈万一也查到收件公司确实在金科路。然而陈万一可能没发现的是，金科路只到 23 号，根本没有 26 号！猫霸公司的如意算盘是，到时快递员找不到地址，一定会给收件人打电话，收件人会提供一个新地址给他，这样，函证的控制权就落在了猫霸公司手里。

如果陈万一没有关注到门牌号的猫腻，收回来的函证当然就不会是真的。

最后，回收函证。如果注册会计师通过抽样，选取了 20 个交易方发函证确认，其中 19 封回函都说没问题，只有 1 封回函声称应收账款一项多写了 30 万元，那么注册会计师要不要高度关注呢？这时候，新人往往会去对比客户的重要性水平[1]，如果重要性水平是 80 万元，就会认为“多写了 30 万元”这个问题无关紧要，可以忽略不计。但这样做是不对的。因为这 30 万元的错误只是 20 份抽样中的一个，如果扩大到总体 100 个交易方的 1 亿元应收账款，根据概率论，对应的错误可就不止 30 万元了，有可能会变成 150 万元，这就超出了客户的重要性水平。

在跟进函证差异时，不能根据单一样本的错误情况直接下结论说这个科目有或没有问题。一定要通过单一样本的错报来推断可能存在的整体错报风险，然后再考虑是不是需要

1. 重要性水平是注册会计师在审计时确定的一个数值，客户财务报表的错误值只要不超过这个数值，就可以不做调整。

扩大样本范围。当然，这一步不是一个新人能做的，新人只需将情况如实向自己的上级汇报，由上级来判断就可以了。

核查：运用多种手段杜绝造假

· 王首一

从第三方机构那里收回来的函证一般分这么几种情况：一是第三方确认报表没问题，二是反映报表数字有差异。出现第二种情况，可以进行三方核查，看看到底是谁出问题了。最怕的是第三种，那就是从表面上看，收回来的函证没有任何问题，但它其实是假的，是客户和第三方在串通造假。

举个例子。比如注册会计师陈万一去银行核实客户存款信息，银行大堂里一个穿着工作制服的客户经理客客气气带着他在银行里绕了一圈，把章给盖了，但其实这个人根本不是银行的人，盖的是个“萝卜章”，而陈万一对此浑然不觉。就算陈万一当时想绕过那个经理，随机找个柜台办理，去哪个柜台，也不是他自己说了算。

怎么才能避免在函证程序中被客户蒙骗呢？我们事务所现在的办法是：**第一，一定要邮寄，不要自己去第三方那里**

办；第二，充分利用技术手段。

邮寄的话，怎么判断客户提供的第三方地址是不是真的？我们先把客户提供的地址上传到我们团队自己开发的函证云平台，这个平台对接类似企查查这样的软件，可以迅速查询到这个第三方公司的注册地址，如果和客户给的对不上，那再去地图软件上看看这个公司的办公地址，因为很多公司的注册地址和办公地址确实是不一样的。

寄送函证，一般选择能够完整调取物流信息的快递公司，这样，函证的行踪就一目了然。如果一个公司注册地址是北京的中关村，办公地址是国贸，但是寄回函证的地址是在西城区的一条胡同里，那这个函证多半是假的。

如果同时收到多个函证，那就需要看看这几个函证的快递号是不是连续的，寄送地址是不是在同一处。比如，我同时向与客户有关的 5 个交易方发函证，这 5 个交易方遍布全国，广东、山西、山东都有，但寄回来的函证快递却是连号的，而且都是从济南寄回来的，这说明什么？

过去，注册会计师其实不容易发现这种现象，因为函证数量很多，人工一个一个查快递号比较难。但是现在不同了，我们收到函证，扫描进系统，然后让系统开始运行，如果遇到类似连号、相同地址的现象，系统就会马上报警。基于云平台，利用大数据、OCR（光学字符识别）等技术的函证中心，不仅控制了审计舞弊风险，而且大大提升了审计工作的效率。

函证是我们唯一能从客户以外拿到的证据，所以不能掉以轻心。

CHAPTER 3

第三章
进阶通道

经过两到三年的磨炼后，你即将走出新手区，进入职业生涯的另一个阶段——高级审计师阶段。现在，让我们进入职业预演之旅的下一部分“进阶通道”。

成为高级审计师后，你的职责会发生变化，从被动执行任务，转变为做审计项目的现场负责人，独立管理几人的小团队。一般来说，现场负责人有三项工作：现场会计师团队的内部管理、与客户执行层面的沟通、一些有难度科目的审计。突然增加了这么多任务，你该从何下手呢？

◎现场负责人

为什么不能仅凭数字做判断

认知：全面了解客户的经营状况

· 王峰

也许你认为注册会计师只是和数字打交道，对企业的了解也仅限于财务报表，但事实并非如此。**一个优秀的注册会计师，必须在数字之外深入了解企业的经营情况。这里所说的经营情况，主要包括它的盈利模式和业务实质。**

为什么要了解经营情况？

第一，审计就是审查财务报表是否公允。公允的标准是什么？就是财务报表真实反映了企业的经营情况。所以，会计师只有在透彻了解企业的经营情况后，才能发表审计意见。如果对企业经营情况了解不到位，会计准则、审计准则掌握得再好，也可能会出错。

第二，很多企业的业务模式非常复杂，并不只是生产销售这么简单，特别是那些高科技企业，业务形态五花八门。只有剖开外在现象，看到业务实质，才能把握住审计的重点。

比如当年非常火的奇虎 360 科技有限公司推出 360 杀毒软件，供人们免费下载和使用。而同一时期的瑞星、卡巴斯基等杀毒软件都是需要付费的，推出它们的公司主要靠卖软件来盈利。很多人当时都看不明白，一个销售杀毒软件的公司竟然推出免费的杀毒软件，它靠什么生存呢？有人甚至猜测，360 是不是想通过这种方式盗取用户数据信息？后来，大家才逐渐知道，360 根本不打算靠杀毒软件赚钱，而是意图通过免费杀毒软件，为自己以后要研发的浏览器积攒用户数量，然后通过卖网页上的广告位盈利。这说明，从业务实质来看，360 并不是一家纯粹做软件的公司，而更类似于做媒体的公司。当然后期 360 也做了许多智能硬件产品，与小米的模式如出一辙。

假如给 360 做审计时不清楚它的业务实质，审计就会偏离方向——可能把审计的重点放在对杀毒软件业务的关注上，会拿瑞星、卡巴斯基等公司的财务情况做参照。实际上，如果要对标，注册会计师更应该拿 360 去跟新浪、搜狐这些做媒体的公司进行比较。以往的杀毒软件公司多依赖于在各地建立销售渠道，由销售代理商开拓市场，同时也做个性化定制开发。而360并未建立这种杀毒软件的销售网络，所以没有这部分资金投入。相反，360做了大量浏览器广告位的销售，并且在这方面建立了不少渠道。这两类企业的投入模式和管理模式有很大不同，所以审计重点也会有所差别。

那么，如何在数字之外了解企业真实的经营状况呢？

我们通常能想到的方式是**上网查，看新闻，直接跟客户聊天，审阅客户的各种文件等。**除了这些，其实还可以通过**观察客户的一些细节**来探究其经营情况。

举个例子。高级审计师陈有才担任猫霸公司审计项目的现场负责人，有一次他和我闲聊，说猫霸公司食堂的饭非常好吃，品种也特别丰富。听到这里，我给了他一个建议：既然猫霸公司的伙食这么好，说明它的效益非常不错，有能力支撑这么好的食堂。你可以进一步研究一下猫霸公司的主要业务，为什么它的业务被市场认可。还可以再了解一下它的竞争对手都有哪些，它们的食堂是不是也有同样的水准。如果客户是像特斯拉这样世界上独一无二的企业，有这样的食堂确实不足为奇。但如果猫霸公司有很多竞争对手，那就得去关注一下它为什么能在激烈的竞争中取得这么好的成绩。沿着这条线顺藤摸瓜，你就能对客户有更深入的了解，摸透客户所在行业的情况。

也就是说，作为高级审计师，你不能只停留在猫霸公司的饭好吃上，而是要从眼前看到的某个现象，延伸到整个企业的业务情况。在客户公司看到的很多细节，都可以成为你了解其经营情况的切入点。

追查：完美报表的背后还有真相

· 孙含晖

现场负责人一般由高级审计师担任，相比新人，他们会**负责财务报表中比较重要且有一定审计难度的一些科目**，比如收入。

例如，陈有才带领几名注册会计师进驻客户 A 公司现场，A 公司财务数据显示，今年的销售额比去年增长了 15%。为了确认这 15% 的准确性和真实性，陈有才查阅了相关会计凭证，包括销售合同、产品出库记录等，对数据进行多方印证。

做完这一步，各种数据都对得上，是不是就代表陈有才在这件事上的任务完成了呢？当然不是，如果审计只做到这一步，陈有才就太失职了！客户若真有意造假，账面和会计凭证的匹配度一定会做得非常完备。所以，陈有才接下来要亲自去业务部门了解一下情况，看看业务人员对这 15% 销售额增长的态度和解释。如果业务人员普遍反映今年的销售确实不错，甚至还多拿到了很多奖励和提成；如果生产人员普遍反映今年总是加班加点开足马力进行生产；如果库房人员普遍反映今年产品出库的次数非常多，比往年多了四五成，那么这 15% 的增长就相对可信一些。

账目对得上，与客户员工的说法也一致，是不是代表 15% 这个数据的真实性和准确性就完全没问题了？也不是。注册会计师还应该对这个数据做进一步分析，从各种角度深挖增长 15% 的原因是什么，是产品销售数量增加还是价格上涨导致的？是不是因为增加了新的产品类型？是不是因为拓展了销售市场？抑或是做了一些见效的市场推广工作？做这类分析时，一定要用数字说话，多做一些定量分析，而不是泛泛而谈。你的分析不能仅仅是："销售收入增加，是因为企业今年的销售数量增加了。"这样的分析基本上没有什么说服力。更好的分析是："今年客户的销售数量增加了 30%，同时销售价格降低了 20%，由此可以推算出，客户的销售收入增加了 4% 左右。"

只有这样一步步深入，注册会计师才能对客户的财务数据做出符合逻辑的分析，才能保证不被客户提供的数据带着跑，收入的审计工作也才能做得扎实。

除了要自己完成一些较有难度的科目审计，**现场负责人还要对小组中其他人的工作成果负责。**如果其他人交来的数据从表面上看不出什么问题，是不是就可以直接把报表交给项目经理了呢？

我们现在的审计模式通常依赖于客户的财务系统。客户把电脑里的一大堆数据导给注册会计师，注册会计师对这些数据做核查分析，同时写底稿。在这种套路里，注册会计师很容易陷入单纯对数据的审核，一旦数字核对无误，就以为工作完成了。事实远非如此。注册会计师更为重要的工作，是追查数字背后的逻辑。这个能力对现场负责人而言尤其重要，否则，报给项目经理的数据就很可能是天衣无缝的一纸谎言。

首先，现场负责人一定要亲自看客户的业务合同。因为只有翻看了合同，才可能发现客户账目记录不规范、不恰当的地方，光看财务数据，这类问题可能根本发现不了。

比如，陈有才率队进驻 A 公司。A 公司卖了一批货物给 B 公司，项目收入、出库记录、生产记录全都对得上。初级审计师审核完后认为没问题，但是陈有才一看合同，发现双方在合同里约定，A 公司将货物给到 B 公司，然后开发票等待付款；同时又约定，只有 B 公司在生产时使用了这批货物，确保没问题，才算是 A 公司完成交货，有问题的货物则会退还给 A 公司。按理说，交货、付款这类事情都是双方自愿商定的，没有什么问题，但不同的交付方式对财务的影响却非常大。A 公司的会计为了省事，就以开发票的时间为节点，把这笔未收款项记在了收入里。而按照会计准则相关规定，这笔交易并未真正签收交付，不应当记在收入科目下，待完成交付，才能算作收入。这样提前确认收入，等于变相增加了 A 公司的当期收入。如果 A 公司的会计一直都是以这种“简单粗暴”的方式记账，A 公司的收入就可能存在很大问题。

所以，注册会计师一定要特别关注合同上的那些关键词，比如交付、验收合格的时间节点等，由此来验证账目记录是否符合规定。

其次，现场负责人一定要亲自看凭证及凭证后面附的原始资料，这也是注册会计师检验客户业务是否真实发生的一种方法。有些公司为了避税，会在给员工发工资时做一些变相处理，比如甲员工的工资是每月 3 万元，A 公司只发 2 万元，剩下的 1 万元拿票来报。如果做得好，从账面上根本看不出来，但是只要翻看凭证，就能一眼发现其中的问题。

一方面，这些报销票据一定五花八门，名字、时间等好多信息都无法对应。而企业的财务人员一般会比较谨慎，很有可能在一些用来充数的原始票据上留下痕迹，方便后续工作。凭证翻看得多了，注册会计师很容易就能发现他们留下的标记。另一方面，翻看一段时间凭证记录，就会发现甲员工每个月都有1万元左右的报销，而公司员工众多，不止一个人有这种情况，这也能马上引起注册会计师的注意。

凭证及原始票据上会隐藏很多信息和线索，多翻多看，往往就能发现财务报表上很难察觉的问题。

相对于项目经理与合伙人，现场负责人掌握的第一手资料更为丰富，如果在这个层面发现不了问题，那么整个项目的风险就会大大增加。因此，**现场负责人还需要有良好的想象力和推理能力，就好比侦探破案，从蛛丝马迹中发现问题。**

比如A公司在资料中记录自己产品的年产量是500万吨。注册会计师陈万一查看了各类账目，对比了往年数据，还了解了同行业其他企业的产量情况，发现这个数据是合理的。但是不是做好这些就可以了呢？不是，陈万一还应该想办法验证一下。比如，确认一下企业的设备数量，或者了解一下企业的实际设计生产能力，再查查进了多少原料，又用了多少原料，看看它有没有能力生产出这么多产品。这考验的其实是注册会计师的推理能力。

推理能力用在审计上也许还比较容易理解，为什么注册会计师还需要想象力呢？举个例子。B公司的主营业务是将石料抛入长江，以防洪水。每一次抛石江中，B公司都要记录抛石的时间和数量。陈万一在审计时要检查客户的这个记录是否属实。如果是你，你会怎么查证？和B公司买石料的记录对一下，和汽车每次出去抛石的时间对一下，彼此印证？这些都没错，但都不足以证明记录的真实性。当时陈万一去查了气象日志，结果发现，有时气象日志显示下着倾盆大雨，而抛石记录却说汽车在长江抛石头，这显然是不可能的。这样的审计方法，如果没有足够的想象力，是想不出来的。

总之，现场负责人面对初级审计师提交上来的数字，一定要多打几个问号，像侦探一样，追查完美数字的背后是否藏匿着不合理因素。

如何处理与客户的关系

沟通：管理客户的有效方法

· 冯亦佳

注册会计师虽然有不同的级别，做着不同的工作，但就工作实质来看，他们其实做的都是同一类事情——沟通和判断。

比如高级会计师陈有才到现场后发现，猫霸公司的主业是承包开发建筑，12 月却又出现了红酒业务；虎哥公司花两亿元向猫霸公司买了一套设备，15 天后又卖回给猫霸公司了，等等。面对这种情况，陈有才就要先做一个判断：这是企业的正常事项，还是值得怀疑的事项？如果觉得有风险，就要及时跟项目经理沟通，跟客户沟通，采取下一步行动。

从初级审计师到合伙人，由于经验和能力的积累、提升，判断、决策的水平和权力都会提升，而沟通的维度和层级也会不断上升。比如高级审计师沟通的对象主要是客户的总账和财务经理，经理、高级经理沟通的对象是客户的财务总监及其他业务部门的负责人，而合伙人沟通的对象就变成了客户的创始人、投资人。

对于现场负责人来说，与客户的沟通问题集中在两个方面：一是让客户按照约定的时间提供财务资料，二是应对客户对审计团队提出的各种投诉意见。

让客户按规定时间提供资料，实际上是时间管理的问题，这是项目管理中最重要也最困难的一环。为什么这么说？

因为审计工作是需要客户充分配合的。一个优秀的现场负责人，会在去客户那里至少一个月之前，就把相互配合的工作计划表（见表3–1）列好，包括对方提供资料的时间，注册会计师到客户那里的时间，关键节点需要做的事情，完成审计报告初稿、终稿的时间等，然后主动找客户确认，如果达成一致，大家就都严格按照时间表往下走。

表3–1　审计＆客户团队工作计划表

日期	客户团队	审计团队
8月31日	提供银行对账单；确认银行函证内容	提供银行函证给公司进行内容确认；……
……	……	……
9月11日	对初稿内容进行确认	提供初稿
……	……	……
9月17日	公司完成财务报表审批及签字，并寄出给审计团队；公司提供管理层申明书	寄出打印稿给公司签字
9月18日		完成会计师签字程序并将审计报告寄出给公司

这件事说起来容易，做起来可没那么轻松。比如陈有才刚做现场负责人时，在去猫霸公司审计之前，就和客户同步好了所有工作的时间进度，并让对方财务负责人大猫会计确认。到现场之后，本来约好周一下午提供全部原始财务资料，大猫会计却说："非常不好意思，上周财务部门所有人都在忙别的事情，还没抽出时间整理，你看周二下午给你们可以吗？"陈有才当然很为难，因为审计程序的步骤都是环环相扣的，这步慢了，后面的步骤都会被拖延。但看对方态度挺好，他就没跟上级陈多金汇报，也没有催对方抓紧时间，用手上不足 30% 的资料先开始了工作。

直到周三，大猫会计才陆陆续续提供了一些资料，比预定时间整整晚了两天。审计团队在猫霸公司总共才安排一周的时间，只好利用周四、周五匆匆忙忙把活儿赶完，根本来不及做整理、汇总，结果回去之后，发现在现场做的工作漏洞百出，陈有才不得不在忙新项目的同时，利用周末和晚上加班补工。

因此，现场负责人能否管理好客户时间，会直接影响审计结果。如果客户说晚两天给资料，现场负责人欣然同意，那就大错特错了。针对客户这样的行为，现场负责人应该这样做：

第一步，和大猫会计进行初步沟通，把不按时给资料的后果和自己的解决方案提前告知对方："大猫老师，您看我们的时间特别紧，之前说好了是今天给资料，给不了的话，我都不知道该怎么向经理汇报，压力很大。我们的人都来了，总不能在这里空等着。我也理解您的难处，您看是否可以先尽可能给我们一部分。如果实在不行，我们队伍先撤回去，时间再重新约？”

第二步，发一封正式邮件，确认一下当面沟通的结果：“大猫老师，根据之前的沟通，以下资料没有按照先前的约定提供，我们已经重新约定了新的资料提供时间，烦请告知更新后的安排。您这边是否还有异议？”别忘了，邮件要抄送给你的项目经理，以及对方的上一级主管。而且，建议这封邮件发出去之前先请项目经理看一下，因为这会涉及审计周期的延长和相应费用的增加，恰当的表达非常重要。

第三步，当面或者请项目经理和对方主管确认一下是否收到这封邮件。

这些步骤的目的，是为了确保双方在这件事情上达成一致，也是为了更好地保护自己。总之，遇到客户不按预定时间配合的情况，现场负责人不能轻易迁就对方，而是要让对方意识到这么做的后果，以及对后续程序的严重影响，让对方自己权衡轻重，看是否要加班来配合注册会计师的工作。

现场负责人在客户沟通方面遇到的第二类问题是——投诉。比如大猫会计投诉了你的团队成员，这种情况该如何处理呢？是立刻道歉，说对不起我们错了，还是站在自己团队一边，强烈辩解呢？都不是。因为在大猫会计那里，你的一言一行是代表事务所的。你可以安抚大猫会计的情绪，但不能随便说自己团队有过错或者没有错。你可以说，我先去向同事了解一下情况，之后再来反馈。

客户投诉通常有以下两种类型：

第一类是投诉团队的礼仪问题，比如穿拖鞋、把会议室弄得脏乱等。如果情况属实，可以这样跟客户反馈："老师，不好意思，我们这位同事让您见笑了，是我没有管理到位，我已经批评过他了，让他马上改正。"这么简单几句，既表达了对投诉事实的认可，也给出了改善方案，还主动承认了自己管理上的问题，客户会感受到你是一位负责任、有担当的管理者，反而会增加对你的信任。

第二类是业务类问题的投诉。作为一名经验丰富的财务人员，客户的大猫会计可能会说："要的资料去年都给过了，今年怎么又来要？""你们怎么每年都派个新人来，也说不清楚到底要啥。到底是你给我们做审计，还是我们给你培训新人？"面对这种情况，反馈时可以说："大猫老师，不好意思，我们这个行业特别辛苦，流动性非常大，我们也特别想每次都带着一帮老人儿给您服务，但是做不到啊。我们同事问的问题我回去了解一下，然后再来和您说。"这样把问题和事务所及个人剥离，归到行业上，大猫会计会更容易理解。当然，事实也确实如此。随后可以夸夸对方，肯定对方的付出，比如说，“您在行业里这么多年，非常资深，您跟新人解释事情的时候非常有耐心，对我们完成工作有很大的帮助”，诸如此类的话，进一步缓解客户的情绪。最后再回去找同事解决问题。

现场负责人是整个审计团队中与客户接触最直接、时间最长的人，但是很多现场负责人其实并不知道该怎么更好地和客户沟通，容易陷入以下两个误区：其一，觉得自己是做服务行业的，任何事情都对客户一味迁就、妥协；其二，觉得自己必须做到公允、独立，态度非常强势，凡事必须以自己的意见为准。这两种方式都有些极端，都不可取。

如果把现场需要处理的事情做一个整体排序，在我看来，客户的需求永远应该排在第一位。对于客户提出的任何反馈甚至投诉，现场负责人都应该第一时间给予解决，即使自己解决不了，也应该先及时回应，告知对方预期什么时间可以回复，然后再去寻找解决方案。现场负责人的态度应该是既坚持专业原则，又能换位思考，这中间的分寸需要不断摸索。

经营：做审计就像谈恋爱

· 王首一

审计这个工作就像谈恋爱，只有好好经营，才能和对方建立长久关系，这个过程需要智慧和策略。

企业财务不给注册会计师资料的问题很常见，一般的应对方法有三个：

第一是日报制度。通常我们会在工作群里，或者通过发邮件的形式，一遍遍提醒客户应该在什么时间提交什么资料，但如果他不想给你，这种常规做法就很难奏效，现场负责人就要想点办法了。

第二种方法是策略性的，你可以告知对方，他是否配合你交出资料，将决定你是否向上反映他的一些问题。企业中每个层级关注的问题不同，如果你面对的是会计和出纳，那么差错或疏漏导致的问题，就是他的领导比较在意的；如果你面对的是财务经理或者财务总监，那么一些核心重点问题就是他的领导关注的。当然，这是不得已的方法，是双方博弈的过程。

如果怎么都要不到必需的资料，现场负责人就必须采取第三种方法了，也就是向上反映，让项目经理去和企业更高级别的领导沟通。如果企业领导的态度是积极的，只是下面的人一直不配合，项目经理一沟通，对方也许就妥协了，他不给就是他的责任了。

但如果这些都没用，对方就是不配合，就需要合伙人出面和企业领导深度沟通了。要让对方理解，审计是给企业做体检，发现问题及时纠正，不要等到病入膏肓、违法违规了才着急，让对方理解审计对公司的价值。

这种观念层面的问题必须由合伙人解决，但现场出现的另一种问题，就必须由现场负责人来具体拿捏了。现场工作有时候十分微妙，审计这件事本来就让客户紧张，再多点摩擦，客户情绪就会受影响，因而发生投诉事件。

客户对审计人员的投诉其实就是在发泄负面情绪。现场负责人理解这一点，就不会接到投诉便马上说“不是我们的错”“事实并不是这样”，等等。这种否定的态度肯定不利于矛盾解决，一定要抱着理解、调查事实的态度先稳定对方情绪，等对方回归理性了，他也会理解你的工作。

记得我们有一个项目，企业财务人员总是找各种各样的事投诉我们，说我们的人在会议室睡觉，办公室一团乱，等等。我们的现场负责人就先和颜悦色地对客户解释：审计资料太多，必须加班加点，睡眠不足中午小睡一小会儿，请您理解，下次一定注意。现场负责人的态度一定要好，要争取让对方理解审计工作的辛苦，不能把对方的情绪搞崩溃了。

在这个项目中，我们被投诉的还不止这些事。企业的财务部门人手紧张，很多资料没时间整理，我们正好来审计，就让我们一起做了。这本来是企业财务自己的工作，我们承担也是为了做好服务。但是，一线的注册会计师毕竟工作量太大了，客户今天要的资料，注册会计师说只能明天给，于是企业财务就投诉到了领导那里。面对这种投诉，现场负责人不能一上来就说我们错了，本身一线注册会计师就已经觉得很辛苦了，你再不分青红皂白地劈头盖脸说一顿，那自己人的情绪也会崩溃的。正确的做法是先了解情况，如果确实是我们的人偷懒导致没按时完成，那就真诚道歉，如果是注册会计师遇到了困难，那就和客户一起解决。在这个项目中，事实是企业的另一名员工给我们的注册会计师安排了别的事情，导致没按时交上资料。只要做出合理的解释，对方也就能理解了。

做好服务和做好审计，这两件事平衡起来确实不容易。当时客户的情绪确实因为审计业务受到了影响，但后来经过沟通，客户冷静下来，负责人甚至在一个四五百人的群里表扬我们吃苦耐劳，有开拓者的精神。

做审计工作，注册会计师永远是乙方，但同时，我们也是资本市场的“看门人”，要对中小股东和投资人负责。所以，服务要做好，审计师的本分也不能丢，这样才能最终赢得企业的尊重。如果企业着眼于长远发展，那你也有机会陪企业一直走下去。

作为高级审计师，你要承担一部分管理工作，但如果你天性腼腆，不善于和人沟通，那么别说处理和客户的关系，就是团队内部也未必能管理好。对内管理，既包括对现场团队的时间、业务管理，也包括对上级、合伙人的向上管理，它考验的是一个人是否善于团队协作、是否能够团结身边力量打硬仗。

如何让现场团队顺畅协作

向下管理:“好人”未必有好报

· 冯亦佳

每个注册会计师都希望当好现场负责人，却常常跑偏，认为:“我绝不能让我的团队成员辛苦，得让他们轻轻松松把活干完，这才能体现我作为团队负责人的实力。”有了这样的想法之后，就会凡事优先考虑团队成员的感受——这么分配任务他们会不会觉得不公平，加班加点会不会太辛苦，没有交活老催会不会招他们烦……而且开展工作时还会各种不好意思，不好意思说他们做得不对，更不好意思批评他们，到头来反而把自己弄得心力交瘁，最后整个审计任务也没完成。

很多现场负责人在这一点上都有过深刻的教训。陈有才第一次做现场负责人时，团队里有一个新人陈万一，负责货币资金审计和存货监盘。陈有才发现陈万一白天工作时经常打瞌睡，但觉得他每天加班都挺晚的，一直不好意思叫他，任由他趴在桌子上睡觉，也没问他加班那么晚，是不是工作上有什么地方卡住了，更没考虑这样做会给客户留下不好的印象。等团队从客户那里回来，梳理现场资料时才发现，陈万一竟然连函证都没有发完。这是非常重大的疏漏，要知道，回来再补函证程序，耗时耗力，很可能会耽误整个审计进程。

不仅如此，陈万一负责的存货监盘资料也找不到了，这可是注册会计师最重要的审计证据之一。没办法，没做完的工作都得在原定时间之内统统补上。陈有才清楚地记得，为了补资料，他整整 72 小时没有休息。

现在回头看，当时陈有才对陈万一有太多的不好意思，把同事的感受放在了第一位。这其实是个严重的错误。**现场负责人必须明确每个队员手里的具体任务和提交的时间，**到客户那里工作时，要根据审计计划，每天实时动态追踪他们工作的进度，关注每个人剩余的工作量，及时协助他们解决遇到的困难，尽早复核他们的工作成果，同时调动成员的积极性，确保每个人都能按照预定时间完成工作。

如果哪个人拖延了，或者出现特殊情况导致进度慢了，现场负责人就要和具体做事的人去沟通，提示他该加班就加班，需要协助就及时找人。

向上管理：善于借力

· 冯亦佳

现场负责人在处理领导关系时经常陷入两个误区，一是不好意思催促自己的项目经理和合伙人及时对审计结果进行复核；二是对所有事情都大包大揽，不到万不得已，绝不和上级沟通。

其实，对于项目经理或合伙人，不要不好意思催，因为一来所有的工作都需要他们确认，二来项目经理和合伙人不像现场负责人，只要做好手上这一个项目就行，他们要同时兼顾多个项目，事情非常多，不一定记得需要复核的工作。所以，该催的时候一定要催。

在实际工作中，有很多现场负责人，都到交报告截止时间前一天的晚上 11 点了，还在排队等着找项目经理或合伙人复核。如果项目经理或合伙人在最后的时间节点指出一些需要处理的问题，整个团队就会非常被动。所以，现场负责人应该放下顾虑，善用一张规划完善的时间进度表来管理各路人马。

很多当上现场负责人的注册会计师都会意识到，这个阶段自己必须独当一面了，比如要和客户协商所有资料提供的截止时间，要给团队成员分配任务，要处理来自客户的投诉等，总之，进驻现场后的大事小事自己都得负责。

想要承担起更多的责任当然是好事，但很多现场负责人却因此陷入第二个误区，那就是喜欢把所有事情都大包大揽到自己头上，除非有自己实在搞不定的，否则从不和自己的项目经理或合伙人沟通。一是觉得作为下属，总是麻烦上级不太好；二是怕自己对一些事情的处理不合适，暴露在上级面前，给他们留下不好的印象。但这种思考方式存在的问题是，只考虑了自己，而没有站在把项目做好、做成的立场上。

现场负责人要意识到，自己只是“独立”做事，并不是“独自”做事。在你的身后还有项目经理和合伙人，他们也是团队的一员，而且是项目更大的责任承担者，你有义务把项目的执行情况告知他们。同时，他们有着比你更丰富的经验，能给你很多帮助和指导，你们共同的目标是保质保量地按时完成项目。

所以，做现场负责人，应该做到两点：

首先，向项目经理、合伙人及时汇报项目的进展、现场情况、问题的解决方案等，听听他们对你的方案是不是认同，或有没有更好的建议，保证你没有偏离正确的方向。

其次，你和客户之间的邮件往来也应该同步抄送给项目经理和合伙人。现场负责人通常只有 3～5 年的工作经验，与客户沟通的尺度不一定都能拿捏好。比如陈有才催大猫会计提供账目明细时，就直接写：“您好！按照我们的约定，您的资料还没给我们，如果导致审计报告无法按时完成，您将会承担相关责任。”大猫会计看到这样的内容肯定会心里不舒服。当邮件中出现类似的不当内容时，项目经理和合伙人看到后可以马上跟进，尽量挽回局面，避免因沟通问题影响业务本身。

做现场负责人，一定要先突破自己心里的那道关，不要从保护个人角度考虑，能不向上沟通就不沟通，而是要明白自己知识和经验有限，一定要多沟通、及时沟通。沟通的频率，以我个人的经验，控制在一周一次就可以，每周主动向上做个汇报，不一定是为了得到领导的提示，而常常是为了“以免我想的是不对的”。

计划：一张纸约束所有人

· 冯亦佳

在开始实际审计工作之前，现场负责人需要做好审计计划，对整个审计的时间周期、需要完成的任务、每个人的工作量等问题做一个统筹规划。但这个审计计划可不只是做给自己看的，也不只是做给项目经理和项目合伙人看的。**审计计划是一个潜在的约束审计项目所有人的合约**，一旦对审计计划做了确认，就代表项目组的成员、项目经理和项目合伙人，以及客户，都认同了计划里的时间和工作量等内容，接下来，所有人就必须按照计划共同努力推进。

很多现场负责人没有意识到审计计划的这个功能，也没有在这上面下很多功夫，只是参照以前的计划照猫画虎地做了一个，之后也没有正式和所有人逐一确认，最终造成团队内步调不一致、团队外客户不知道怎么配合等一系列问题。

那审计计划具体应该怎么做呢？

项目开始前，作为现场负责人，高级审计师应该先和自己的项目经理确认审计目标、审计周期，然后估算要做哪些具体的审计程序、函证要发多少、费用科目里抽多少样本等，接着结合工作量和时间的要求，看看需要多少人，分配每个人的具体工作，还要确保所有人做完的工作都有人复核。最后，现场负责人还要根据工作量和投入的人力情况，计算项目的收费是否合理。

审计计划中最重要的就是时间规划。如果团队到客户处的工作时间只有三周（21 天），现场负责人就应该列一个详细的时间轴（见表 3–2），写明每天应该完成的任务和具体负责人，确定每个人交付具体工作的具体时间。计划中不仅要包括团队成员的负责事项和截止时间，更重要的是关于客户、项目经理和项目合伙人的内容。

表 3-2 审计计划一览表

日期	事项	负责人	复核人
8月31日	获取所有银行对账单，完成银行存款余额调节表复核； 准备银行函证供客户确认； ……	×××	×××
……	……	×××	×××
9月8日	提交审计底稿文件给合伙人复核； 提交审计报告初稿给合伙人复核； ……	×××	×××
……	……	×××	×××
9月11日	发送审计报告初稿给客户确认	×××	×××
……	……	×××	×××
9月17日	检查审计底稿文件是否有待完成事项； 寄出打印文件给客户签署	×××	×××
……	……	×××	×××
9月20日	完成所有的checklist； 检查文件签署记录； 完成审计报告签字盖章	×××	×××

排序：处理一团乱麻的有效方法

· 冯亦佳

高级审计师作为现场负责人，工作内容相比初级审计师多了不少，既要负责一些有难度的会计科目——比如收入、成本、金融工具的审计，又要管理好团队，还要复核已经审计过的科目。现场的事情千头万绪，一些人刚负责现场工作时，常常手忙脚乱，有时还会顾此失彼。

对此，我的一个建议是，**现场负责人要对所有事情做一个重要性排序，那些需要在现场解决的事情，优先级应该排在前面。**比如我们在前面提到的存货监盘、函证程序以及合同审核，这三件事就是现场事务的重中之重，一定要及时复核初级审计师的工作。如果不及时处理，放到最后才去复核，一旦发现问题，要么情况已经发生变化，要么处理起来远没有在现场时方便。

还是以陈有才做现场负责人的情形来举例。当时，陈有才把函证程序分给初级审计师陈万一后，就没怎么再管。他觉得这部分内容很常规，等最后出报告前再检查一下就可以了。但是他忽略了一件非常重要的事，就是一旦漏发，再去补发，会非常耗时间，因为对方回复函证的时间并不受客户和审计团队的控制。如果对方的回复和客户的财务记录不相符，就会影响相应会计科目的准确性，甚至还会影响整个财务报表的准确性，耽误出报告的时间不说，某些审计程序可能还得推倒重来。

及时对合同进行复核同样重要。因为合同背后可能涉及很多复杂的会计处理。比如客户和买方签订了尿素销售合同，合同约定每买500吨送200吨，货款分5年支付。那么，尿素销售收入的金额到底是多少？没有支付的货款在应收账款里是怎么记录的？再比如，医药公司通过一个平台发起了慈善项目，对通过平台购买产品且符合资格的患者进行补贴，那这笔补贴的金额是应该抵扣收入还是计入费用？

随着业务模式、交易模式不断创新，会计准则也面临着很多实际的挑战。现场负责人作为一名工作了三四年的会计师，尚不具备独立处理这些问题的能力。他应该做的是在客户那里及时复核相应的合同与记录，发现自己理解不了的情况，及时找客户询问，或者找项目经理讨论。如果从客户那里回来再做这件事，在查阅客户资料及与客户沟通的问题上，就会有诸多不便。

在整体内部管理排序上，我个人的原则是下级的需求优先于上级的需求。也就是说，下级要求我协助的事情，或者问我的问题，我会更快地去处理。而对于上级的需求，如果我手头比较忙，我会先告知他收到，并说明我大概什么时候会处理。因为对于下级来说，我作为现场负责人是他们可以接触到的唯一一个更有经验、可以给他们支持的人。而对于上级来说，我可能只是诸多可以协助他的人之一。

分类：提取数据中的重点

· 孙含晖

通常，注册会计师要在一到三个月内审计完成客户一年来的财务数据，这些数据非常庞杂，即使在今天以风险为导向的审计制度下，也就是重点审查可能存在较大风险的数据，要审计的数据量也极大。

如果对数据逐个核查处理，那么注册会计师很容易因为疲惫而变得麻木，少了处理数据时该有的思考。

对于这种情况，我的一个处理方法是，先把财务数据分成以下三类：

第一类是常规业务数据，也就是企业日常经营交易活动的数据。这部分数据每天都会产生，比如企业每天都要销售产品或者配送货物。

第二类是非常规业务数据。它不是企业每天的运营中必然产生的费用，而是有一定的发生频率——每个月发生一次，或者每年发生三五次，比如有些企业，会计每个月都会提一次促销费用。

第三类是需要做主观判断的数据。比如企业有很多笔应收账款，不一定都能收回来，那么坏账准备应该提多少；企业购买了新的生产线，对于其折旧期应该算多少年，设备的维修费用预提多少。这些数据都需要做主观判断，可以单独划为一类。

把财务数据根据常规、非常规和主观判断分类后，我们就可以升级一下自己的思维方式，对不同数据采用不同的处理方式。

前两类数据通常是由企业基层会计人员记录的，或者是录入会计软件后自动生成的，一般运作比较规范的企业不会在这方面“动手脚”。随着技术的发展，这两类数据未来的核查都能通过 AI 实现。所以，注册会计师花在这两类数据上的时间可以相对少一些，比如只挑季度末、年末，或者若干高风险科目的相关数据做重点核查。

第三类数据虽然总量不大，但是需要注册会计师结合企业经营情况和会计专业知识进行综合判断，所以应该是注册会计师关注的重点。

通过先分类，再有针对性地核查，注册会计师可以让庞杂的数据清晰起来，也容易发现里面隐藏的潜在风险。

◎项目经理

高级审计师是现场审计团队的负责人，项目经理和高级项目经理则是整个项目的管理者。现在，你的职级进一步上升，开始负责若干个完整项目，不再有时间长期扎根在某一个客户的现场，而是要兼顾同时进行的多个项目。如何分配好时间和精力，保证每一个项目不出问题，此时的你需要好好筹划。

如何做好业务监督

现场：重大问题藏在数字背后

· 王首一

项目经理每天流转在不同项目间，要处理的事情非常多，但无论多忙，都需要抽时间亲自去客户现场走一遍，看看生产车间、销售部门等，了解一下企业的真实运转情况。

美国的浑水公司就是通过探访客户现场，发现了完美数字背后的真相。

2007 年，诞生于中国河北的东方纸业在美国成功上市，公司董事长找到了美国一家名为 WAB Capital 的投资机构，希望获得它的投资。而这家公司的所有者正是浑水公司创始人卡森 · 布洛克的父亲老布洛克。作为一家上市公司，东方纸业当时的财务数据非常好，双方一拍即合。

但是，东方纸业真实的经营状况是怎样的呢？老布洛克的儿子卡森 · 布洛克当时正好在中国，2005 年他就来到上海的一家美国律师事务所工作，是个地地道道的中国通。卡森 · 布洛克先是对东方纸业进行了充分调研，发现这家企业曾声称在募集了 2690 万美元后，花 2780 万美元购买了一条年产 36 万余吨的瓦楞纸生产线。卖家为河南省沁阳市的一家企业，布洛克直接联系到对方，发现其最大的生产线每年只有 15 万吨的产能，且成本仅为 440 万美元。为了进一步核实东方纸业的产销量，卡森 · 布洛克专门跑到造纸厂实地探访，结果让他大跌眼镜。

首先，根据财报，东方纸业的收入非常高，但布洛克却发现工厂里的机器都很陈旧，是 20 世纪 90 年代的老款机型，而且并没有开机生产。其次，东方纸业的仓库里非常潮湿，用来存放纸张的仓库竟然是潮湿的，这太违反常识了。此外，根据东方纸业声称的产量和销售量，每天至少应该有 100 多辆卡车进出工厂大门，而在布洛克访问的前几天，当地刚经历了一场大雪，道路封闭，在道路刚刚开放时，车流量应该比平时更大才对，但是，布洛克访问这天，工厂的车流量少得惊人，只有一辆卡车懒洋洋地空转着。

把所有这些线索串联起来，布洛克意识到，东方纸业一定在造假。于是，2010 年 6 月底至 7 月 22 日，布洛克连续发布了 8 份针对东方纸业的报告，称东方纸业涉嫌严重诈骗和造假行为，涉嫌资金挪用，夸大营收和资产估值、毛利润率等。浑水公司给予东方纸业股票“强烈卖出”评级，目标价低于 1 美元，而当时东方纸业的股价为 8.33 美元。

这虽然是投资领域的案例，但在审计中同样适用。**只坐在办公室里看报表、审账目，并不能看到客户的全貌和真实情况。**项目经理一定要按照客户对业务和流程的描述自己走一圈，了解最真实的情况。

再举个例子。我们团队有一位成长非常快的注册会计师小薇，5 年时间便从审计员、高级审计员、项目主管、高级项目主管一路升到了高级经理，走完了别人将近 10 年的路。她对现场的把握非常值得分享。

有一次，她负责一个并购项目，审核对象是一家生产添加剂的企业 A。从报表来看，A 企业没什么问题，不存在什么隐性的关联交易。但当时还是项目经理的小薇不太放心，仍然去A企业走了一圈。车间、生产线、库房她都看了，也和企业员工聊了，都没发现什么问题。但没想到，在一个很偏的院子里头，她发现了异常。

原来，这个院子中有几座隐蔽的厂房，里面是一个完整的黄铜生产基地。机器整齐地摆在那儿，种种迹象表明，它们平时都在正常运转。

黄铜正是A企业需要的上游原材料，日常需要大量采购。小薇就问，这个基地是不是你们公司的？A公司的陪同人员死活不承认，咬死基地是别家公司的，只是借用了这个地方而已。小薇当然不会相信，但是查来查去，也没发现这两家公司存在什么内在关联。

项目临结束时，A企业的老总叫小薇去办公室喝茶，小薇仔细观察了办公室里的每一件物品，突然对角落里的一个奖杯关注起来。原来，奖杯上写着A企业的名字，还写着“优秀黄铜供应商”的字样，应该是黄铜的其他购入方颁发给A企业的。

这个奖杯将一个自成闭环的上下游关系揭示了出来，也就是说A企业不但生产添加剂，所需要的原材料黄铜也是自家生产，但是在这起并购中，A企业隐瞒了自己生产黄铜的事实，只出售添加剂业务部分，那么财务报表中的成本核算、收入确认就可能存在严重不实。

但是，这样的证据还不够，在小薇的提示下，团队通过多方取证，进一步发现，黄铜生产企业财务发票上的签名，竟然和这家企业的财务签名相同，证明两家财务是同一个人，这一情况更加有力地证明了A企业自成闭环的上下游关系，以及财务报表中存在隐性关联交易的事实。这个事实对并购来说非常不利。别家企业买了你处于产业中游的公司，上游却仍然由你控制，而买家对此并不知情，无意中便陷入了不公平交易。最后这起并购当然没能完成。

所以，项目经理虽然手头项目很多，不是每天都有时间去现场，但一定要抽时间去现场转转，因为很多问题是报表根本反映不出来的，而你能拿到的资料也都是对方筛选过的。

作为项目经理，你的经验和教训一定比手下人多，对企业风险的敏锐度也相对高一些，因此，当下级提交财务报表时，你一定要用怀疑的眼光来看，并亲自去现场观察核实。事实证明，那些勤于下现场、善于打问号、精于观察的人，通常能够在注册会计师这条路上走得更顺一些。

复核：审底稿的必选动作

· 冯亦佳

复核团队的工作底稿也是项目经理的重要工作。其目的是把控项目执行过程中的风险，保证工作底稿的内容符合审计准则及相关指引的要求，保证注册会计师在审计过程中尽到了职责。同时，监管机构评判审计做得是否到位，依据的也是工作底稿。

但问题是，项目经理同时负责十多个项目，每个项目的工作底稿都有数百页，如果每页底稿都要复核，估计没有一个项目能在规定时间内完成。那该怎么办呢？

通常来说，在复核底稿时，项目经理要做三个主要动作：

首先，确保每张底稿都有人复核，但不一定都是项目经理复核，项目经理主要做抽查工作。比如费用科目抽凭，刚入职的陈万一抽完之后，在工作底稿上做了记录，组里工作了 3 年的陈有才之前做过这个科目，有一定经验，这部分复核工作就可以交给他来完成。其他科目做法类似，分给不同的人做，最后项目经理自己再随机抽出一部分底稿进行复核。这在行业里被形象地称为“four eye principle（四眼原则）”，两只眼睛做，两只眼睛检查。

其次，对于风险较大的部分，项目经理一定要亲自复核、及时复核。比如货币资金、费用等高风险科目，以及发送函证、存货监盘等对时间有要求的科目，在现场团队做完之后，项目经理要督促他们当天发过来，以便自己及时发现问题、解决问题。

最后，对于底稿中哪些内容需要自己亲自复核，哪些内容确保有人复核就行，项目经理只要做到心中有数即可，不必向团队全盘托出。看工作底稿时，要努力做到让项目组感觉“我永远都会全部复核”。但事实上，大家都是按照审计准则和相关指引，以及平台的风控原则执行复核程序。

所谓风险不仅来自客户，也来自审计团队自身的局限，比如人手不够，专业知识不够，经验不够等。如果抽查后发现审计的深入程度不足，项目经理就要提出新的要求。比如这几年疫情的背景下，有些生产型企业业绩不仅没有下滑反而上升，和大家理解的经济大环境变动是反向的，那么审底稿如果还是看合同、看发货、看收款等基本程序，可能就是不够的。项目经理需要想想看有什么可以查验的程序，比如请团队去和客户食堂的打饭阿姨聊一聊，问问这几个月来吃饭的人数和疫情之前相比如何，然后再看看是否有反向证据，并提醒团队增加收入样本的测试。

如何管理项目团队

向上管理：怎样"用好"合伙人

· 冯亦佳

初级审计师、高级审计师虽然也都和客户沟通，但沟通的问题相对具体和简单，到了项目经理这一级别，沟通的问题就复杂多了：例如A超市原来对某笔资金的会计处理不符合要求，应该记在销售成本中，却记在了销售费用里；给B保险公司做控制测试时，发现它实际执行的和它规章制度上的要求不一致；要求提供的财务资料，C公司提供不了；等等。项目经理要做的，就是和客户沟通出一个几方共同认可的解决方案。

在和客户沟通时，大多数项目经理都有一个执念，就是坚定地认为自己能搞定所有事情，能不麻烦合伙人就不麻烦。但是，在这件事上，我的建议是，**项目经理要主动邀请合伙人参与，**比如在给客户发邮件之前先请合伙人看一下，和客户的邮件往来都抄送给合伙人，等等。这样，不仅能请合伙人帮忙把控风险，也有机会向合伙人学习。但遗憾的是，大部分项目经理都不愿意这样，包括以前的我自己。

我在做项目经理的时候，合伙人要求我抄送所有和客户沟通的往来邮件，我那时特别不理解，总认为是他不信任我，小看我：所有的邮件都要抄送，那我在这个项目中的独立价值何在？但是后来我慢慢意识到了，这个方法好处特别多，也是合伙人负责任的体现。至于不信任我或者认为我不行这种想法，纯粹是当时个人的自尊心在作祟。那么，好处都有哪些呢？

首先，我不用花时间去纠结、判断到底哪些邮件要抄送给合伙人，由他来决策，因为所有和客户沟通的情况在我们彼此间都是透明的。即使我处理不当，也不用过于担心，因为后面有合伙人为我把关，这给我减轻了不少压力。

其次，合伙人会修改我的邮件，我也因此能从他那里学到很多东西。比如在和客户讨论一个非常专业的会计处理问题时，我在邮件中请对方说说他们的想法和处理意见，用的词是 suggest，项目合伙人修改为了 advise。后来我意识到，suggest 更多代表的是个人建议，而 advise 代表的则是官方的、专业的、正式的建议。我是在问作为整体的客户的意见，而不是邮件收件人的个人意见，advise 显然更合适。只是这么一个小小的改动，却能看出合伙人在细节问题处理上的专业性。这件小事给了我很大提示，对我后来更加专业地解决问题非常有帮助。

但“用好”合伙人并不意味着对合伙人的任何要求都言听计从，事实上，在很多时候，项目经理要敢于向合伙人说“不”。

对于一些项目做得不错的经理，合伙人一般会主动找他做项目。很多经理来者不拒，照单全收，而不考虑自己手上的工作有多少，是否忙得过来。他们想的是，合伙人都找来了，怎么好意思拒绝？如果这次拒绝了，下次有项目不找我怎么办？大不了我多加加班。

但其实这么做有百害而无一利，项目太多，经理的时间和精力根本分配不过来，最后往往是自己累得半死，项目却做得不尽如人意。很多诚实、可靠、有担当的经理都经历过这段成长历程。

举个例子。陈多金经理项目执行得好，组织管理能力也强，很多合伙人有项目都会找他。合伙人陈育才当时有个项目，问他是不是可以做，他虽然知道自己手上的项目已经有十多个了，但不好意思拒绝，又觉得陈育才这个项目是很好的机会，可以提升相关经验，就接了下来。随后，在项目执行过程中，陈多金个人投入非常大，一直在加班，有时候忙到在猫霸公司那里开会时，中间还要穿插一个虎哥公司的电话会议。说实话，这给猫霸公司的感受不是很好，客户对他颇有微词。同时，由于他手里事情太多，总是不能及时给自己团队反馈，导致团队在工作上走了很多冤枉路，迫不得已不停地加班。更要命的是，因为他同时兼顾太多事情，审计工作的质量也不尽如人意。

项目完成后，陈育才找他聊天复盘，他觉得很委屈，自己拼尽了全力，非常辛苦，但最后活儿没有干好，客户、团队、合伙人都不满意。陈育才告诉他，最关键的问题，是在手里项目很多的情况下，不应该又接新项目。一个人有 100 分的能量，却承接了 150 分的项目，就算付出全部，也不可能做到 150 分。

虽然在事务所里，经理手上通常都会有几个项目同时在做，但在兼顾多个项目时，平衡好个人的时间和精力非常重要。所以，当合伙人找上门，项目经理决定是否承接时，首先要考虑的不是对方会对我有什么想法，而是我的精力是否足够，我能给这个项目贡献多少时间，最终是否可以达到对方期待的结果。如果做不到，就要拒绝。

但是，拒绝合伙人切记不能敷衍了事，我建议用一种真诚和有效的方式进行沟通。这种方式的大致原则是：先主动了解对方的需求，再阐述自己的困难，最后表达一下，如果有需要，自己愿意提供一些力所能及的帮助，或者提出一些替代性方案。

举个例子。合伙人A找到项目经理B说，“现在我这边有个项目，你看你有没有兴趣一起来做？”B此时应该主动了解合伙人口中这个项目的时间要求，项目经理需要做什么，以及合伙人对这个项目的预期等，在掌握这些细节的基础上，再去判断自己是否有时间和能力接下来。如果确定自己没法接，也不能完全拒绝，因为合伙人是出于信任才找来的，B可以这样说：“目前我手上有3个IPO的项目，都得在3到6个月内全部完成，正好和您项目的时间挤到一起了。如果这个项目全交到我手上，我担心到时候忙不过来啊！但是，如果有需要，这个项目的一些前期准备工作我可以帮忙。后面的话，我确实有困难。”

这样解释，可以婉转地让合伙人A了解经理B没法接手的原因，于是合伙人A会主动得出这个项目B可能做不了的结论，而不是由B直接拒绝。

合伙人对于项目经理来说，既是学习的榜样，也是项目中的老板，但如何学习，怎么合作，要立足于自身业务能力的实际情况。

向下管理：如何排兵布阵

· 孙含晖

在项目经理的团队里，总是既有实力很强的人，也有相对弱的人，如何排兵布阵，让整个团队都高效运转起来，非常重要。尤其是审计工作，一到年底所有的项目都来了，又得卡着点完成，挑战非常大。这种情况下该怎么做呢？是只关注能力强的，让他们发挥带头作用？还是紧盯团队里的每一个人，防止他们出偏差？在我看来，都不是。最值得关注的，我认为有两个方面。

第一，关注团队里最弱的人。俗话说，链条的强度取决于最弱的一环。这个道理放在审计团队管理上最合适不过了。因为审计都是由多人分工协作完成的，团队里最强的人做得再好，如果最弱的人出了问题，整个审计项目也会出问题。

所以，项目经理要特别留心队伍里业务能力最弱或者经验最少的那个人，他才是团队工作成效的最终决定者。比如陈万一经验少，平时出错又比较多，我就会把更多的注意力放在他身上。必要时，我甚至会亲自上手带他一起工作，以便他跟上整个团队的进度。

当然，最弱的一环也是不断变化的，你需要持续观察、判断。比如依照小张一贯的表现和能力，他是可以胜任工作的，但近期他没进入工作状态，影响了整个团队的进度，成了最弱的一环，就需要密切关注和及时应对。

第二，把工作分配给最适合锻炼的人。项目经理通常会把难度大的工作分配给能力强的人，把简单的工作分配给能力弱的，从而保证工作顺利完成。但我在分配任务时，更愿意把工作交给团队里最适合锻炼的人。比如一项工作正好在陈万一个人能力和经验之上一点点，我就会让他来做，这样对他的锻炼价值最高。如果每个人每一次都能通过工作进步一点点的话，整个团队的实力就会在无形之中获得提升。

为什么要这么做？因为做审计，就算计划得再周密，也总会有各种意想不到的事情，因此不能想着怎么把事情提前考虑详尽，而是应该努力让手底下每个人的能力都变得足够强大。一旦有突发情况，每个人都能冲上去把事情搞定。这是一个以不变应万变的方式。所以，在非紧急情况下，可以把每个任务都当成锻炼团队成员的机会，平时培养好手下的人，遇到紧急情况，手里能打的牌才够多。

与客户沟通要做哪些动作

收费：如何理直气壮地要钱

· 冯亦佳

到项目经理这个阶段，业务把控及日常客户沟通的工作基本已成竹在胸，但项目经理普遍存在一个问题——一遇到向客户收费的事情，就不好意思开口了。

对于这个问题，项目经理应该换个角度思考。我们每个月拿工资时是什么心态？是不是觉得理所当然？我跟公司签了合同，为公司付出了劳动，拿工资是天经地义的。其实，找客户收费是同样的道理。我们作为乙方和客户签了合同，组织团队、动用资源为客户提供服务和帮助，收取服务费用最正常不过，没什么不好意思或开不了口的。

但签了合同就可以理直气壮地要钱吗？

给公司干活儿都会留下痕迹，比如按时打卡、完成领导布置的任务、提交工作成果等，这些都是理直气壮拿工资的依据。同样，我们**为客户提供服务，也应该做定期的关键节**

点汇报，比如是否足够及时地发送资料清单，是否在现场工作中每天发出更新资料清单，是否及时发出待沟通事项，是否按照原定计划发送初稿，对于发现的问题双方是否书面沟通了改进计划，等等，这些都是我们向客户收费的依据。

比如审计C银行的项目，双方在审计计划中约定好了各个时间节点应该完成的任务。那么在具体执行过程中，就应该定期和C银行复盘，看看双方是否都在按照之前确定的进度往前推进，推进过程中是否存在分歧。这个定期可以是一周一次。如果都按照时间完成了，就可以让对方以回复邮件的形式对之前完成的工作进行确认；如果进度拖后了，那么双方就要坐下来找找原因，假如是C银行的问题，就可以谈一下延期费用的问题。

这样一来，前期的工作做足了，客户和注册会计师对已经完成的工作内容和推进时间达成了一致，收费这件事情自然就变得合情合理、水到渠成了。所以说，收费应该理直气壮，但前提是对方认同，要在关键节点上告知对方工作成果并取得确认。

如何才能“更上层楼”

· 冯亦佳

对于高级经理来说，你的本职工作就是做好一个个项目，在每个项目中发挥自己最大的价值。但如果只满足于此，你升为合伙人的概率就比较小。如果想在这行有更好的发展，你就不能停留在对具体项目的执行上，而是要考虑为会计师事务所做出更多贡献。

首先，高级经理可以通过分享的方式提升事务所人员的整体专业水平，为平台做出更多贡献。

第一是专业知识的分享。做审计，不光要会计专业过硬，还要让自己深入到各个细分的行业中，充分了解客户的业务特点，只有这样才能发现客户可能存在的财务风险。比如汽车行业对产品的安全性要求极高，所有汽车配件生产厂家都要通过汽车制造商的资格认证，可拿到这个认证并不容易，汽车制造商对此有主导性的话语权，那么这里面就可能有回扣产生。再比如医药行业，很多医药代表给开药的医生回扣，然后通过各种研讨会的形式掩盖回扣费用。还有教育行业、房地产行业、物流行业等，都有很多不足为外人道的行业规矩。俗话说，隔行如隔山，如果项目经理尽可能多地把自己多年来对某个行业的了解进行汇总，把自己踩过的坑、积累的经验分享出来，其他注册会计师就会少走很多弯路，审计质量就会大幅提高，这就相当于为会计师事务所这个平台做出了贡献。

第二是各种实用工具、方法的分享。做好审计，最重要的两点就是审计质量和审计效率，任何有利于提高审计质量和审计效率的工具和方法，都可以拿来分享。

比如，注册会计师最后出的报告都是 Word 形式，但是审计团队之前的工作底稿都是 Excel。过去，注册会计师都是一点点把 Excel 上的内容打字打到 Word 上，效率非常低，也很容易出错。后来，有会计师主动开发了相应软件，在一个标准模板下，让 Excel 直接生成 Word，大大提升了出报告的效率。

再比如，现在的技术变革非常快，大数据技术的应用十分广泛，如果有些分析软件能够根据企业一年的成千上万笔交易，分析出风险点在哪里，对审计工作会非常有帮助。如果高级经理在这方面有一些经验能分享出来，甚至利用业余时间去开发这类软件，也是对平台甚至整个行业莫大的贡献。

开发各种效率工具的过程，同样是巩固、重构自身知识结构的过程，对自己也是莫大的提升。

其次，高级经理在执行项目的同时，如果能够表现出挖掘客户、获取客户的能力，就能让大家看到你更大的价值，拥有更多的可能性。

成为高级经理后，你已经拥有了过硬的专业能力，如果想朝着合伙人的方向发展，你就要有意识地培养自己的业务能力，也就是“谈生意”的能力。你要有一个深度的思考：自己的优势在哪个行业？这个行业是否与事务所现有的业务形成互补？自己要如何加强这方面的优势，获得更多积累？比如，你过去的客户中生物制药企业居多，所以你想去深度开发一下这个行业的资源，那么你就要补充更多行业知识，研究一下江浙沪有哪些园区是生物制药企业比较集中的，有哪些生物制药企业是优质的，行业里有哪些知名人物，要通过什么方法去积攒这个行业里的人脉，等等。再比如，你对资本市场有比较深入的认知，以前做了一些 A 股和港股的业务，未来也愿意继续在这个领域发展，做一些美股的业务，那么你就要和一直在做美股的律师、券商建立联系，并且长期维护这些关系。

在进行这些积累的同时，你要有意识地培养自己谈生意的能力。谈生意这件事对于一部分人来讲是一种天分，但对于大部分人来讲却极其陌生，需要一个培养和锻炼的过程。你在做项目的同时，可能需要额外投入金钱与时间去提升自己，比如去上一些销售方面的训练课程，多参加一些社交活动等。这些额外付出可能无法马上体现在你的工作成果中，却能对你的将来起到决定性作用。你是不是肯于这样去做，也能体现出你是真的有强烈的意愿在这条赛道上发展，还是只喊喊口号。

当你在行业认知、业务能力上有了一定提升，并且愿意孜孜不倦地去跟项目时，你就可以尝试去谈项目，别人的成功率是 30%，你的成功率可能就是 70%；或者你眼光特别准，别人谈 10 个项目，成功 1 个，你谈 10 个项目，至少成功 3 个；或者这个项目是亏钱的，但你能谈出一个更高的价格。当你展现出自己谈生意的能力时，事务所自然会认为你能带来更大的价值。

最后，你要有意识地提升自己的管理能力、项目统筹能力。比如，同样做一个项目，别人要用 50 个人的团队，你用 30 个人就能搞定。这可以实际降低事务所的成本。

很多人在晋升合伙人的关口屡屡受挫，关键就在于没有让事务所看到他们的其他价值。你要想办法让大家看到，你可以为事务所培养更多人才，帮助更多会计师提升审计能力，更重要的是，你可以为事务所降本增效。

走过经理、高级经理阶段，注册会计师其实有两条路可以选择：一是走出去，到企业里做财务工作，朝着CFO（首席财务官）的方向发展；或者去做职业经理人；抑或是进入投资行业。二是继续留在会计师事务所，往合伙人方向发展。这两个方向没有好坏之分，只是在这个阶段，你需要停下来思考一下，哪条路自己更擅长、更喜欢，确定自己未来的职业发展方向。

CHAPTER 4

第四章 高手修养

很多高级经理或审计总监的下一个目标都是成为合伙人，但并不是每一个心怀梦想的人都能成功。比如在某内资所，一次竞聘就有二十多个审计总监参加，最后只有两个能顺利成为合伙人，晋升率还不到10%；而其他没有成功晋升的人，要么来年再战，要么选择离开。可见合伙人的门槛还是相当高的，业务拓展能力、业务规模、专业水平都是综合考核指标。

现在，我们的职业预演之旅已经来到注册会计师的高手阶段，你已经过五关斩六将，成为一名新任合伙人。在我们的第四章“高手修养”里，你将会了解到合伙人是如何工作、如何思考的。

成为合伙人后，你将很少涉及具体的审计事务，主要工作是以复核底稿的方式来检验团队的工作成果，同时，把主要精力用于开拓市场、建设团队。

如何寻找机会拓展业务

基础：拓展业务要靠平时积累

· 钟丽

开拓新业务是合伙人非常重要的一项工作，但是要如何开拓呢？我们通常的想法是，想要拓展业务，找到更多客户，肯定得先积累足够的人脉资源。

但是对于注册会计师这种提供专业服务的职业来说，更多的是靠专业能力和行业经验。为什么这么说？

一个产品一般是先由企业研发、制造，然后再由销售人员开拓渠道、寻找客户，将其卖出去。但会计师事务所却不会招一批专职销售人员来开拓业务，而是由级别最高的合伙人负责。

在我看来，这是因为销售人员在销售产品时，只要把握好产品的优点、特色、功能等关键信息就可以了。而审计业务的承接，则需要注册会计师的专业能力和行业经验。如果交给专门开拓业务的同事，也许只能应付一些基本问题，比如有没有相关审计资质，主要做过哪些类似项目等。客户只要问得稍微深入一点，比如你看我们适不适合 IPO，达没达到 IPO 标准，还有什么需要补足的……专门开拓业务的同事就无法回答了。你也许会说，把所有可能涉及的问题列出来，总结成小册子，培训一下不就行了吗？显然不行，因为审计面对的客户多种多样，客户的问题也是千变万化的。

只有做过很多审计业务，在这方面积累了丰富行业经验的合伙人，才能应付，也才能胜任开拓业务的工作。越专业，越能精准地提供服务，越能赢得更多的客户，这是绝大多数提供专业服务的职业的共性。

但这并不是说，在成为合伙人之前专心做好审计业务就行了，等到成为合伙人再考虑业务拓展。如果这样想，就大错特错了。晋升合伙人时，非常重要的一项考核标准就是开拓业务能力。因此早在项目经理甚至高级审计师阶段，你就应该主动培养自己这方面的意识和能力。因为到了合伙人阶段，必须直接成为开拓业务的主导者，直接对业务规模负责，并没有机会从一个辅助角色开始慢慢锻炼自己。

高级审计师和项目经理平时都扑在具体项目上，难道还要额外再去寻找新业务吗？事实并非如此。**我们说主动培养开拓业务能力，是指随时关注身边的资源。**高级审计师和项目经理是和客户接触最频繁的人，在实际审计过程中，他们基本上都是待在客户那里，所以完全可以在做好审计本职工作的同时，关注客户的新增业务，从新增业务上寻找审计需求。比如陈万一在给客户做年审时，发现客户近期有收购其他公司的意向和动作，就可以在恰当的时候提醒客户："李总啊，你们在并购过程中别忽略了做专项并购审计，这对于了解被并购企业的财务状况非常重要。我们并购团队的经验挺丰富的，做过很多大企业间的并购审计，您看您这边是否需要呢？"

此外，你还可以在审计时多留意企业税务、资产交割、绩效提升等各方面的动向，从客户业务需求的角度多多锻炼自己拓展业务的能力。

能力：合伙人也是一个大销售

· 王首一

我发现一个现象，不管干的是哪一行，做到最后都是一个大销售。考核合伙人最重要的指标就是业务规模，作为合伙人，团队一年的收入是一两千万元，还是三四千万元，还是更高，当然是不同的。业务规模取决于业务拓展能力，其中有三个方面比较重要。

首先，合伙人需要清晰地知道对于客户来说，自己的价值究竟在哪里。企业，尤其是民营企业，有很多是白手起家，一两代人持续付出才有了今天，IPO上市对于他们来说，是发展过程中特别关键的一环。可以直白地说，一个IPO项目，对于注册会计师来说只是一个项目，对于企业来说则是一辈子的心血。理解了他们的艰辛，你就知道自己的使命有多重要了。

但这并不意味着注册会计师的价值就是帮企业上市。这样想，一来职业方向容易走偏，二来也不会给企业带来真正的服务。注册会计师的真正价值，在于通过专业的审计发现企业问题，帮助企业尽快规范起来，符合上市标准。我经常对企业负责人说，我们是在给公司做“体检”，所以有什么问题一定会直言不讳，我不想等你病入膏肓了再来骂我没有尽到本分。

其次，也是最关键的，就是树立团队口碑。这几年我国注册会计师行业发展很快，国外的“四大”也好，国内的“八大”也好，企业的选择其实很多，而每家事务所中还有不同合伙人的团队，所以竞争非常激烈。在这种环境下，不是靠人脉、靠关系就能拿下项目的，最后起决定作用的，还是团队的专业能力，或者说“方案力”。

记得我们曾经承接过一个拟 IPO 的项目，这家企业是华北地区最大的建材制造商，当时已经接触过其他团队，但还没有做出最后的选择。经过前期接触，我们认为这家企业的负责人立足于长远发展，是一个比较值得跟踪和服务的客户。但是企业提出了一个比较苛刻的要求：只用一个月时间对公司进行一次详尽的、基于 IPO 上市的财务尽职调查，并提出使其满意的方案。这对于任何一家会计师事务所来说都是很困难的。审计不光是审报表、盘固定资产和存货，我们更为关注的是与财务相关的各类凭证、合同，以及真实的生产交易链条，这些只有通过细致的工作才能发现问题。所以我们在前几次接触的时候就提出，我们能做到的，不是仅仅发现问题，而是提供建设性的、可落地的解决方案。我想正是这一点让客户心中的天平倾斜向了我们。

但这要求我们团队具有两个品质，一是能发现真问题，二是具有“方案力”。

这个项目的主要问题，是业务材料与财务数据无法形成支撑关系，也就是说，财务数据缺少相关凭证，而很多业务材料涉及的财务问题，又没有体现在财务数据里，这是企业在长期发展中缺少内部控制机制的结果。第一年审计工作结束后，我对企业负责人说，想上市还有很多工作要做。

于是，我们在之后长达五年的时间里，帮助企业一点点梳理业务线索，系统化地调整了企业的内部控制机制。同时，我们还对企业的财务流程进行了优化，自主研发了定期抓取大宗原材料市场报价的系统工具，原来十余人一个月的工作量，现在两三个人一周便能完成，企业财务部门可以将主要精力放到管理及财务规范化运营中。

当然，在这个过程中，我也会和企业负责人发生争论，只要我的初心是帮助他，只要我相信我们的专业没有问题，那我就不会在我认为对的事情上妥协。注册会计师的特点是比较内敛，平时不多说话，但只要说出的都会一针见血。

经过我们五年的持续跟踪审计和辅导，这家企业最终实现了国内首次公开发行股票并上市。五年，也许你觉得很漫长，但对于一家民营企业来说，用五年实现规范化并不容易，甚至很痛苦，但我们陪他们一起走过来了。

举这个例子是想说，得到企业的信任，不是单靠情商和销售技巧能解决的问题。树立自己的口碑，打造团队品牌，是业务开拓的核心。

最后，开拓业务一定要懂得取舍。有些企业说自己要上市，给的费用也很高，但内部运营非常不规范，也不想有多大改进，那我们的人进去就陷入了泥潭，得不到提高不说，消耗还非常大，消耗我们一百年，它也上不了市，这样的项目就不该做。我最近在看一本写解放战争的书——《决战》[1]，当年解放军为什么放着已经围困了五个月的长春不打，而是长途奔袭去打锦州，这里面有很多门道要琢磨：先打长春，看上去容易，但紧接着就会面临敌军南下形成更强大力量的危险。我们也是一样，不能看见点儿活就想干，眼光要放长远。

合伙人的价值不仅体现在业务拓展方面，很多时候还要在决策层面给予团队更多建议，甚至在最关键的时刻，凭借敏锐的嗅觉控制住风险。基层注册会计师千万不要认为，自己长期驻扎现场，掌握的一手资料多，就更有发言权。审计这一行有句俗话，走的路越多，摔的跟头越多，风险意识也就越强。

1. 金冲及：《决战》，生活·读书·新知三联书店 2012 年版。

如何进行风险控制

方法：多管齐下才能防患于未然

·王首一

注册会计师成为合伙人后，虽然远离了具体审计科目的工作，却成为控制风险的最终决策人、签字人。责任如此重大，当然要多管齐下。

首先，通常情况下，团队进驻企业前，我会先和大家开一个会，一起对客户情况做方向上的判断，把握审计重点。团队必须做的规定动作有：上网查阅企业所在行业这几年大致的发展走向；去一些企业信用软件或者相关网站查一下这家企业的股权结构，股东都有谁，都发生过哪些诉讼，有没有什么舆情事件，交易频繁的企业都有哪些等。当然，企业的官网也要看一下，尤其是那种老牌制造型企业，如果官网的最后一次更新时间是好几年前，说明这家企业最近几年的发展可能遇到了问题。

其次，要做好平时的风险培训，总结一些基本规律，包括

相关案例、审计对策和后续处理等，让各级注册会计师能够以最快的速度提升风险意识。比如上市公司都希望自己的利润高一些，所以虚增收入的问题就是工作重点；非上市公司通常都希望少缴税，会本能地少记一些收入，所以团队应该重点关注是否存在应该确认收入而没有确认的情况。另外，不同行业也各有特点，比如医药企业，审查的重点肯定是药品销售费用是怎么处理的；传统制造型企业，隐性关联交易发生的可能性比较大，那我们就会重点关注它的交易方，二者究竟是什么关系，交易合同是怎么写的，等等；审核互联网项目，重点当然是注册用户的真实性，以及流量的实际数据，这需要 IT 方面的专门人才；对于存货种类是动植物的农林牧渔企业，存货监盘可能就是核心，也是最大的难点。

最后，自己要有一双火眼金睛，能够直接发现问题，追查问题。记得有一个并购项目，审计对象是一家传统生产型企业 A，项目经理提交上来的报表没什么问题，团队的工作也都完成了，但我就是觉得哪里不对，可具体是哪儿也说不上来，只能跟他们说，你们都想简单了。

凭直觉，我认为 A 企业的收入一定有虚增成分，就像是在自己画的一个圈子里来来回回反复确认，因此我推断它的上下游肯定有问题，大概率存在隐性的关联交易。但是这个圈，依靠现有资料我还画不圆。我只能查到交易方 B 公司的法人是谁，股东是谁，其中有一个人姓孙。一连好几天我都惦记着，B 公司这个姓孙的人是谁？和 A 企业是什么关系？

一个周末，我说你们都别理我，把东西都留给我，我自己再看看。于是我就在 A 企业的办公室里把报表和相关文件又看了一遍，随后恰巧发现了一张压在某张桌子玻璃板下面的通讯录。通讯录是企业财务部门的，我一眼就看见了其中的一个名字——孙 ××，和交易方 B 公司负责人的名字一模一样，怎么就那么巧？

拿到这条线索，我找到项目经理，问 B 公司的负责人是不是这个人。项目经理一查，果然，这个孙 ×× 既在 B 公司任股东，又在 A 企业财务部的一个基层岗位任职。

上下游的这个圈总算画圆了。A 和 B 属于同一个老板，他在自己和自己做生意。这是一种隐蔽的关联交易，买卖双方并没有实物流转，确认的收入都是假的。如果让这样一个公司成功卖给别人，那岂不是坑害买家吗？

举这个例子是想说，合伙人必须在有些问题上亲力亲为，不能光看项目经理提交的财报。我有个在项目现场审计的习惯，一直保持到现在，无论多忙，只要是去了现场，有机会、有时间的话，我一定会看企业一个月的凭证，通过这些凭证了解企业的日常管理与核算。

当然了，要想最大限度地控制审计风险，还是要靠团队作战。比如另一个项目，我从行业里打听到企业客户的年利润大概有一亿多元，凭经验判断，这家企业的效益不会太差。但是项目经理去了实际一审核，发现一年的利润才 7000 多万元。我说这不可能，差异太大了，你们算上子公司没有？项目经理说算上就更少了。最后都核下来，总体年利润还不到 5500 万元。后来，我看了报表，还去现场详细看了各类凭证，这个数字应该是准确的。

通过这个例子可以看出，合伙人和团队经常会面临信息不对称的现象，团队有的一手资料我没有，我的经验或者我能接触到的层面他们看不到，这时候就要相互弥补、多角度印证，毕竟我们是在一条战线上的。而有一支靠谱的、梯度完整的团队，才是打胜仗的最关键因素。

合伙人不仅要依靠宏观经验判断项目工作重点，给手下指出方向，还要依靠宏观经验和经过千锤百炼的业务基本功，在复核阶段把控风险。从大量的报表和底稿中发现问题，这个本事好比孙悟空的火眼金睛。

判断：回归常识与经验

· 钟丽

合伙人很少亲自做审计项目中的具体工作，主要的工作是通过项目成员的工作底稿来了解企业财务情况，并最终决定出具一份什么意见的审计报告。

但工作底稿通常都是洋洋洒洒几百页，留给合伙人复核的时间并不充裕，如果要一字不落地看完全部底稿，肯定是不可能的。那该如何在短时间内通过底稿做出判断呢？

我通常会重点关注那些需要依靠职业经验做出判断的事项。比如由于新冠疫情，国际油价非常低。在复核经营油气类产品企业的底稿时，我会特别关注企业有没有对自己的资产做减值测试，以及如何做减值测试。以前生产一桶油可以卖 60 美元，现在油价下跌，一桶油只能卖 30 美元了。客户有 100 桶油，在记录这 100 桶油的价值时，就不能按照原来的价格写 6000 美元，也不能按照现在的价格写 3000 美元，因为这种历史低价是特殊情况导致的。具体按怎样的参数来记录这 100 桶油，就非常需要经验积累和专业判断了。

类似这种事项，都应该重点关注，因为它们常常是审计的风险所在。这类事项更依赖于合伙人的常识与经验，经验越丰富，就越知道风险在哪里；经验越多，就越能看见什么地方会出错。

由于注册会计师会不断接触不同的行业、不同的客户，因此眼界相对宽广，对企业容易出现的问题，以及如何处理、会造成什么后果等，要比企业财务人员的认知更加广泛和深入。正是基于这一特点，注册会计师的价值得以进一步延伸，很多时候，他们会主动向企业提出一些改进意见。

为什么要为客户提供更多价值

· 孙含晖

注册会计师完成审计后，除了常规性地提交审计报告外，还要针对审计过程中发现的企业管理漏洞、缺陷，给客户提一些建议，出具管理建议书，为企业遇到的一些问题想办法、出主意。

首先，注册会计师可以借鉴各企业的做法。企业财务人员的眼界大多局限于一个公司或者一个行业，在遇到棘手的账目问题时，主要是向国家税务机关询问，或者跟同行交流。而注册会计师在这方面的优势则要大得多。注册会计师在做审计时会遇到很多企业，轻易就能发现不同企业在同一个会计问题上的不同处理方法，而这些处理方法在企业间并不是公开的。了解这些做法之后，注册会计师就能给遇到类似问题的客户提供可以借鉴的方法。

举一个很早之前的例子。互联网公司刚兴起时，很多公司都从做搜索引擎业务的互联网公司那里购买与自身相关的关键词，以便用户更容易搜索到自己。会计师事务所发现，有些互联网公司把这部分收入记为广告收入，要交 5% 的营业税，而有些公司把这部分收入记为技术服务收入[1]，只需要交 3% 的税。当时税法对此并没有明确规定，哪种操作都是可以的。当注册会计师了解到不同互联网公司的不同处理方式，积累了实务处理经验时，对这些经验的分享便常常可以帮助到企业。

其次，注册会计师可以帮助公司满足监管机构的合规要求。上市公司要面对证监会等监管机构的检查，但公司自己的财务人员在理解监管机构的要求时，往往有一定的局限性，因而无从应对。他们最多就是查查前些年证监会检查公司的重点，如果之前没有被抽查过，没什么经验，便只能“临场发挥”了。而注册会计师在各种项目上常年关注监管要求，对于监管机构提出的问题理解得更加到位，从而可以帮助企业准确理解，满足合规条件。

比如，一些国内公司在美国上市后，对美国的一些相关证券规定并不熟悉，相应地也缺少一些有针对性的工作流程。美国证券交易委员会（SEC）每年都会抽一些上市公司公开的年报进行审阅，有时还会针对年报提出一些问题。而会计师事务所每年都会对 SEC 的提问做一个汇总和统计，看看哪些

1. 相当于互联网公司为对方提供的一种技术上的匹配服务。

问题比较普遍，哪些问题是只针对某类企业的。我记得有一年，SEC 对无形资产的摊销非常关注，要求被抽查的企业详细说明摊销是怎么计算的，摊销的年限为什么这么长，并要求企业提供摊销的明细表，这是以往年份里没有的。掌握了这些信息之后，再去给企业做审计时，我就会重点检查这些财务数据齐不齐、准不准，财务报表后面的附注是不是足够清楚、明确等。如果发现企业有无形资产摊销的业务，但报表体现得非常简单，只列了一个余额，我就会建议他们增加一些内容，做到有备无患。

注册会计师基于经验，对监管机构关注的事项进行分析总结，提供管理建议书，帮助客户不断提升管理和信息披露水平，也是我们的重要价值之一。但随着企业管理水平的提升，加上还有专门的管理咨询公司，注册会计师的管理建议书渐渐就起不到太大作用了。客户对管理建议书一般只是随便看看，多数情况下都“瞧不上”。那么，会计师还需要绞尽脑汁写管理建议书吗？不写岂不更省事？

在我看来，管理建议书还是应该写，主要有三方面的原因：

第一，为今后审计工作的顺利进行提供方便，减少工作量。比如，物流公司 J 对境内物流订单的跟踪非常及时，但对境外物流状态就没有追踪。注册会计师就可以针对这个问题，向J公司建议完善境外物流追踪机制。这样，今后再为其审计时，关于境外物流收入就非常容易确认了。当然，这对J公司控制管理风险、提升客户满意度也是有好处的。

第二，让客户感受到注册会计师的附加价值，认为审计花销物超所值。比如，A公司在采购方面总是把握不好，要么一次采购的原料过多，要么采购不足，但总找不到问题的症结所在。注册会计师在审计中发现，A公司的管理层每个月只开一次会，采购和销售的一些新情况不能及时同步，所以导致了采购过多或过少的问题。因此，注册会计师向A公司提出了增加管理层开会频次的建议，A公司做了一些调整，果然在原料采购方面改善了不少。

第三，管理建议书也可以成为注册会计师的一面挡箭牌。有些事情，如果注册会计师已经在管理建议书中提到了，万一以后出了问题，便有据可依。

CHAPTER 5

第五章

行业清单

当你翻开这一页，注册会计师的职业预演之旅即将结束。

作为本书的编著者，我们将在分别之时为你奉上一个小小的礼物。我们将以清单的形式为你梳理注册会计师的发展历史、头部机构、专业术语等信息，以方便你快速查阅；同时，我们还邀请受访老师为你推荐了他们各自心目中重要的书籍和公众号，帮你进一步深入了解注册会计师的专业知识和职业特点。

这一章是终点，也是新的旅程。

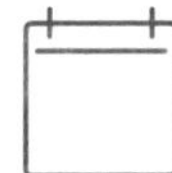

行业大事记

国外

世界上最早的会计职业团体

1581 年，威尼斯会计协会成立。

世界上第一位会计师

1721 年，英国议会聘请精通会计的查尔斯·斯内尔审核了南海公司的账簿，出具了世界上第一份审计报告，指出了南海公司舞弊和编制虚假会计记录的问题。

世界上第一个正式的会计师专业团体

1853 年，苏格兰爱丁堡会计师协会创立。

“注册会计师”称谓的第一次出现

1896 年，纽约立法机构通过了《公共会计师职业管理法案》，第一次提出“注册会计师”的称谓，规定对有资格的会计师授予注册会计师称号。

世界上第一部审计准则

1954 年，美国审计程序委员会发表《公认审计准则》。

最大的审计失败事件

安然公司从 1997 年到 2001 年虚构利润 5.86 亿美元，并隐藏了百亿美元的债务。为其做审计的安达信会计师事务所明知其财务作假的情况却一直隐瞒，而且，安达信作为安然长期固定的审计机构，与其存在着复杂的利益关系。东窗事发之后，安达信还销毁了数千页安然公司的文件，意图毁灭证据。

国内

我国第一次出现“审计”一词

宋代设置“审计司”，行使财政监督职能。

我国第一家会计师事务所

1918年，谢霖在北京创办正则会计师事务所，标志着中国注册会计师制度的诞生。

我国最早的审计行业组织

1925年3月，上海会计师公会成立，标志着我国会计师职业的完全确立。

民国时期我国四大会计师事务所

1918年，谢霖在北京创办正则会计师事务所；1927年，潘序伦在上海创办立信会计师事务所；1921年，徐永祚在上海创办徐永祚会计师事务所；1936年，奚玉书在上海创办公信会计师事务所。

新中国首家会计师事务所

1981年成立的上海会计师事务所。

新中国第一部注册会计师法规

1986年的《中华人民共和国注册会计师条例》，明确了注册会计师行业的法律地位。

我国第一次注册会计师考试

我国1991年首次举办注册会计师全国统一考试，此后每年举行一次。

合伙制会计师事务所制度建立

1999年底，全国4805家会计师事务所与主办单位脱钩，改制成为由注册会计师个人发起成立的合伙制及有限责任制事务所。

我国典型的审计失败案

2001年银广夏虚构财务报表事件。负责对其进行审计的中天勤会计师事务所存在重大过失——没有有效执行相关函证程序、分析性测试程序，没有了解企业业务，没有对财务数据进行认真核实，违反了《独立审计基本准则》的要求。最终，中天勤会计师事务所和两名签字会计师的牌照被吊销。

行业术语

（一）审计术语

独立审计（社会审计 / 民间审计）：注册会计师接受客户的委托，对其财务报表及相关资料独立进行审查，并发表审计意见的行为。与之相应的还有国家审计和内部审计。

重要性水平：指审计时设定的可以容忍的账目错误的上限。比如，客户的收入是 1000 万元，账目上有 1 万元的错误无关紧要，但有 10 万元的错误，就需要调整了。这 10 万元就是重要性水平。

控制测试：为了确定客户自身的内控制度和程序设计得是否合理、执行得是否有效而实施的审计程序。

穿行测试：指对客户的经济交易在其财务系统中的整个处理过程再追踪一遍，确保注册会计师对客户业务流程的了解是准确和完整的。

实质性审计程序：指注册会计师到达客户现场，完成各个会计科目的审计。

分析性复核：指审计时对财务数据发生变动的原因进行分析。

审计抽样：在实施审计程序的过程中，从全部审计对象中选取一定数量的样本做审计，并根据样本审计的情况推断全部审计对象的情况。

工作底稿：所有审计团队成员对自己工作内容做的记录，以备更高级别的人员核查，证明自己尽到了审计的义务。

无保留意见：注册会计师认为企业的财务报表已经按照会计准则的规定编制，在所有重大方面公允地反映了企业的财务状况和经营情况。分为“标准的”和“带强调事项段的”两种。详见 P22。

保留意见：注册会计师认为财务报表整体是公允的，但是在某些方面存在重大的错误。

否定意见：注册会计师认为财务报表整体并没有公允地或者按照会计准则的规定编制。

无法表示意见：注册会计师不能获取足够的证据，审计受到了限制。

上述四条为审计意见的四种类型。

（二）内行用语

放飞机：注册会计师审计时应付差事，凑合着把事情做完。一般指在工作底稿中写自己没做过的审计程序。

tie 数字：核对各账目间数据是否一致，比如总账和明细账之间，账目和报表之间。

出 Q 和清 Q：审核底稿时，经理、合伙人提出各种问题叫出 Q，高级审计师处理这些问题叫清 Q。审核人出的 Q 越少，代表工作底稿的质量越高。

不 re：通过分析性复核发现财务数据不合理。

小朋友：特指会计师事务所刚入职的新员工，一般会被叫两年左右，等到做现场负责人带团队了，这个头衔就可以摘掉了。

（三）财务术语

资产负债表：反映一定时间内企业财务状况的数据，由资产、负债和所有者权益三部分组成。比如，小王开服装店用了 30 万元。其中 25 万元是自有资金，剩下 5 万元从银行贷款。这 25 万元就是所有者权益，5 万元是负债，资产 30 万元 = 负债 5 万元 + 所有者权益 25 万元。

现金流量表：反映一定时间内企业现金及现金等价物增减变动情况的数据，可用于衡量企业在该时期内是否有足够的现金来应付日常开销。

损益表：反映一定时间内企业盈亏情况的数据。

上述三张表构成了财务报表的主体部分。

重大错报风险：指财务报表在审计前出现重大错误的可能性。

流水账：按时间先后顺序记录的资金支出的情况。

白条：非正式的票据，比如报销时不符合规范的单据、代替现金的欠条等。

坐支：收到现金后不存入银行，直接用于现金开支。

未账：对于已经发生的经济业务不做账，让审计监管难以发现。

财务金三角：指企业的收入、利润和净现金流。如果三者同时稳定增长，说明企业在增长性、盈利性和流动性上是均衡的。

洗大澡：上市公司规避被ST[1]的一种方法。如果判断自己

---

1. ST，special treatment，特别处理，指境内上市公司被进行退市风险警示。

之后数年会持续亏损，被ST的风险很高，上市公司索性就一次亏够，以期下一年度能扭亏为盈。

盈余管理：用一些合法、合规的方法让财务报表更好看，或者平滑业绩。

税收筹划：俗称“合法避税”，指在法律许可的范围内合理筹划，通过对经营、投资、理财等活动的事先安排，尽可能取得税收利益最大化。

头部机构

2022 年 9 月，中国注册会计师协会发布了《2021 年度会计师事务所综合评价百家排名信息》[1]，根据收入、合伙人团队稳定性、合伙人员工比率等指标进行了综合评估，位于前十位的是：

普华永道中天会计师事务所

普华永道（PwC）的总部位于英国伦敦，于 1998 年由两家大型的会计师事务所——普华和永道合并而成。普华永道以审计和税务服务见长，在雇主评级权威机构 Vault 的世界会计师事务所 50 强中，已连续 7 年位居全球第一。普华永道中天会计师事务所（特殊普通合伙）于 2013 年 1 月 18 日在上海市工商局登记成立。

1. 中国注册会计师协会关于发布《2021 年度会计师事务所综合评价百家排名信息》的通告，https://www.cicpa.org.cn/xxfb/news/202209/t20220920_63681.html，2023 年 1 月 9 日访问。

安永华明会计师事务所

1989 年 5 月 19 日，原世界“八大”中排名第五的恩斯特・惠尼 (EW, Ernst & Whinney) 与排名第六的亚瑟・杨（AY, Arthur Young) 合并为恩斯特・杨 (Ernst & Young)，即安永会计师事务所。1992 年，安永华明会计师事务所在北京成立。

毕马威华振会计师事务所

毕马威（KPMG）成立于 1897 年，总部位于荷兰阿姆斯特丹，规模是“四大”中最小的，但发展相对较快。1992 年，毕马威华振会计师事务所成立，是中国内地首家获准中外合作开业的国际会计师事务所。

德勤华永会计师事务所

德勤（DTT）于 1845 年创立，总部位于英国伦敦，1993 年，中外合作的沪江德勤会计师事务所有限公司成立，后更名为德勤华永会计师事务所有限公司。近几年，德勤在亚洲的业务有所收缩，根据公开信息统计，2019 年 11 月 30 日至 2020 年 12 月 4 日期间，德勤中国先后辞任 114 家港股客户。

天健会计师事务所

成立于 1983 年，2021 年业务收入居内资所第一。

立信会计师事务所

成立于 1927 年，由“现代会计之父”潘序伦先生创建，是中国建立最早和最有影响力的会计师事务所之一。

大华会计师事务所

成立于 1985 年，是财政部大型会计师事务所集团化发展试点事务所。

容诚会计师事务所

成立于 2013 年，由原安徽华普会计师事务所与辽宁天健会计师事务所合并成立。

天职国际会计师事务所

成立于 1988 年，总部设立在北京，主要客户来自中央及区域性大型和特大型国有或国有控股企业集团等。

信永中和会计师事务所

成立于 1981 年，是中国首家走出国门、在境外设立分支机构的会计师事务所。

推荐资料

（一）书籍

· 孙含晖、王苏颖、阎歌：《让数字说话》，机械工业出版社 2016 年版。

推荐理由：用通俗的语言将专业知识讲明白，入门读物。

· 叶金福：《从报表看舞弊》，机械工业出版社 2018 年版。

推荐理由：通俗易懂，案例丰富，入门读物。

· 钟文庆：《财务是个真实的谎言》，机械工业出版社 2013 年版。

推荐理由：风趣、幽默的案例，探索财务思想的实质。

· 瑞华会计师事务所技术与信息部：《计学撮要 2018》，立信会计出版社 2018 年版。

推荐理由：提高会计实务操作能力。

（二）公众号

注册会计师

推荐理由：注册会计师交流、学习、进步的平台。

季丰的会计师驿站

推荐理由：注册会计师分享信息、经验的平台，有很多有价值的财经资讯和专业资料。

CPA 研习社

推荐理由：专注于注册会计师的实务痛点，内容主要是准则实务、投行尽调方面的干货。

鹏拍

推荐理由：新三板、IPO、再融资、并购重组等政策与实务交流的平台。

开心莫小莫

推荐理由："四大"合伙人的职场经验分享，帮助你更好地努力工作，平衡生活。

投行小兵

推荐理由：既有审计专业的求证方法，也有注册会计师生活中的随性表达，关注热点，思考未来。

后记

这不是一套传统意义上的图书，而是一次尝试联合读者、行业高手、审读团一起共创的出版实验。在这套书的策划出版过程中，我们得到了来自四面八方的支持和帮助，在此特别感谢。

感谢接受“前途丛书”前期调研的读者朋友：蔡艺、陈晓磊、葛鹏起、黄粤波、金丰杰、金亚楠、旷淇元、李中虎、连瑞龙、马剑、石建银、石云升、单汝峰、孙颖、魏虎跃、王子余、小鱼、杨明、赵二龙、张丽、赵声福、曾一珩、张政伟、周健。谢谢你们对“前途丛书”的建议，让我们能研发出更满足读者需求的产品。

感谢“前途丛书”的审读人：Tian、安夜、柏子仁、陈大锋、陈嘉旭、陈硕、程海洋、程钰舒、咚咚锵、樊强、郭卜兑、郭东奇、韩杨、何祥庆、侯颖、黄茂库、江彪、旷淇元、冷雪峰、李东衡、连瑞龙、刘昆、慕容喆、乔奇、石云升、宋耀杰、田礼君、汪清、祥云缭绕、徐杨、徐子陵、严童鞋、严雨、杨健、杨连培、尹博、于婷婷、于哲、张仕杰、郑善魁、朱哲明等。由于审读人多达上千位，篇幅所限，不能一一列举，在此致以最诚挚的谢意。谢谢你们认真审读和用心反馈，帮助我们完善了书里的点滴细节，让这套书以更好的姿态展现给广大读者。

感谢得到公司的同事：罗振宇、脱不花、宣明栋、罗小洁、张忱、陆晶靖、冯启娜。谢谢你们在关键时刻提供方向性指引。

感谢接受本书采访的五位行业高手：冯亦佳、王首一、孙含晖、王峰、钟丽。谢谢你们抽出宝贵的时间真诚分享，把自己多年来积累的经验倾囊相授，为这个行业未来的年轻人提供帮助。

最后感谢你，一直读到了这里。

有的人只是做着一份工作，有的人却找到了一生所爱的事业。祝愿读过这套书的你，能成为那个找到事业的人。

这套书是一个不断生长的知识工程，如果你有关于这套书的问题，或者你有其他希望了解的职业，欢迎你提出宝贵建议。欢迎通过邮箱（contribution@luojilab.com）与我们联系。

“前途丛书”编著团队

图书在版编目（CIP）数据

我能做注册会计师吗／章凌，刘晓蕊编著；冯亦佳等口述．—— 北京：新星出版社，2023.4

ISBN 978-7-5133-4957-4

Ⅰ．①我… Ⅱ．①章… ②刘… ③冯… Ⅲ．①注册会计师－通俗读物 Ⅳ．①F233-49

中国版本图书馆 CIP 数据核字 (2022) 第 121214 号

我能做注册会计师吗

章　凌　刘晓蕊　编著
冯亦佳　王首一　孙含晖　王　峰　钟　丽　口述

责任编辑：白华召
总 策 划：白丽丽
策划编辑：张慧哲　师丽媛
营销编辑：陈宵晗　chenxiaohan@luojilab.com
装帧设计：李一航
责任印制：李珊珊

出版发行：新星出版社
出 版 人：马汝军
社　　址：北京市西城区车公庄大街丙 3 号楼　100044
网　　址：www.newstarpress.com
电　　话：010-88310888
传　　真：010-65270449
法律顾问：北京市岳成律师事务所

读者服务：400-0526000　service@luojilab.com
邮购地址：北京市朝阳区温特莱中心 A 座 5 层　100025

印　　刷：北京盛通印刷股份有限公司
开　　本：787mm × 1092mm　1/32
印　　张：8
字　　数：147 千字
版　　次：2023 年 4 月第一版　2023 年 4 月第一次印刷
书　　号：ISBN 978-7-5133-4957-4
定　　价：49.00 元